特种设备的发展与管理研究

虞晓斌　王　磊　马　聪　著

吉林科学技术出版社

图书在版编目（CIP）数据

特种设备的发展与管理研究 / 虞晓斌，王磊，马聪著． -- 长春：吉林科学技术出版社，2022.8
ISBN 978-7-5578-9400-9

Ⅰ．①特… Ⅱ．①虞… ②王… ③马… Ⅲ．①设备管理－研究 Ⅳ．① F273.4

中国版本图书馆 CIP 数据核字（2022）第 113524 号

特种设备的发展与管理研究

著	虞晓斌 王磊 马聪
出 版 人	宛 霞
责任编辑	赵 沫
封面设计	树人教育
制 版	树人教育
幅面尺寸	185mm×260mm
开 本	16
字 数	220 千字
印 张	10
印 数	1-1500 册
版 次	2022年8月第1版
印 次	2022年8月第1次印刷

出 版	吉林科学技术出版社
发 行	吉林科学技术出版社
地 址	长春市南关区福祉大路5788号出版大厦A座
邮 编	130118

发行部电话/传真　0431-81629529　81629530　81629531
　　　　　　　　　81629532　81629533　81629534
储运部电话　0431-86059116
编辑部电话　0431-81629510
印　　　刷　廊坊市印艺阁数字科技有限公司

书　号　ISBN 978-7-5578-9400-9
定　价　40.00 元

版权所有　翻印必究　举报电话：0431—81629508

前 言

随着社会的发展与基础设施的完善建设，特种设备在各行业都有着广泛应用，也成为生产经营中不可缺少的设备。在企业生产经营中拥有较高数量较多种类的特种设备，管理工作也较为复杂，特种设备的使用虽然大幅度提高了企业生产经营的工作效率，但同时使企业承担着较大安全风险。一旦特种设备出现安全问题或设备故障就会影响企业的正常生产运作，若出现较为严重的问题，甚至会威胁到企业的财产安全与员工的人身安全，阻碍企业的良性发展。特别是特殊行业的生产管理，如修造船行业等，在生产经营中运用了大量的特种设备，若要确保企业的可持续性发展，企业必须在经营管理中加强特种设备的安全监控。特种设备出现重大安全问题，最主要的原因是企业对特种设备安全管理的重视程度不够，当特种设备出现问题时不能第一时间解决，这也是影响企业发展的主要因素。

特种设备在日常生产经营中处于重要地位，特种设备是指对人身和财产安全有较大危险性的锅炉、压力容器（含气瓶）、压力管道、电梯、起重机械、客运索道、大型游乐设施、场（厂）内专用机动车辆等设备，特种设备的正常运行决定了企业的持续性发展，确保企业的正常生产经营，特种设备的安全状况也直接决定了人们的生命财产安全。因此，在日常特种设备管理工作中，通过对管理过程中存在的问题进行分析解决，消除不安全因素，提高特种设备的运行效率与安全状况，确保特种设备的安全运行。

总而言之，特种设备在企业的生产经营管理中，起到了重要作用，因此企业在日常管理中应提高管理质量。企业在使用特种设备时，通过完善设备的管理体系，建立完整的设备管理档案，可以有效地提高设备使用的安全效率。企业要加强员工的人才培养，通过更专业性的人才培养，提升特种设备操作人员的工作能力，制定更为详细、精准的应急救援预案，确保特种设备的安全使用与设备使用效率。

目 录

第一章 特种设备概述 ··· 1
 第一节 特种设备的检验检测 ······································· 1
 第二节 特种设备的安全评估 ······································· 5
 第三节 特种设备的安全监察 ······································· 8
 第四节 特种设备事故分析 ··· 11

第二章 特种设备检验检测的理论研究 ································· 14
 第一节 特种设备检验检测的发展 ··································· 14
 第二节 特种设备检验检测的责任意识 ······························· 17
 第三节 物联网与特种设备的检验检测 ······························· 20
 第四节 特种设备检验检测的市场化 ································· 22
 第五节 如何做好特种设备的检验检测工作 ··························· 25
 第六节 特种设备检验检测的安全问题 ······························· 28

第三章 特种设备的检测方法 ··· 31
 第一节 特种设备无损检测抽查方法 ································· 31
 第二节 特种设备金属磁记忆检测方法 ······························· 33
 第三节 特种设备检验检测领域标准化的方法 ························· 36

第四章 特种设备管理概述 ··· 39
 第一节 特种设备管理的现状 ······································· 39
 第二节 特种设备的现场管理 ······································· 42
 第三节 特种设备的安全管理 ······································· 45
 第四节 特种设备的应用与管理 ····································· 49
 第五节 特种设备的管理与维修要点 ································· 52
 第六节 特种设备检验检测的管理 ··································· 55

第五章 特种设备管理的分类探讨 ····································· 59
 第一节 特种设备的档案管理 ······································· 59

第二节　特种设备的使用管理 61

第三节　特种设备的信息化管理 64

第四节　特种设备的事故管理 67

第五节　特种设备的隐患管理 70

第六节　物联网的特种设备管理 72

第七节　核电厂特种设备的安全管理 74

第六章　起重特种设备的发展与管理 77

第一节　特种设备起重机检测技术 77

第二节　特种设备起重机安装施工要点 80

第三节　高速铁路起重机械特种设备管理 83

第四节　建筑行业起重类特种设备安全管理 88

第七章　特种设备安全监管研究 92

第一节　特种设备安全监管现状 92

第二节　特种设备安全监管技术执法 95

第三节　特种设备安全监管模式优化 98

第四节　对林业特种设备安全监管 102

第五节　特种设备智能检测监测云服务 105

第六节　特种设备安全运行保证体系 110

第八章　特种设备安全评定 115

第一节　压力容器强度分析与安全评定 115

第二节　氨制冷系统管道的全面检验及安全评定 118

第三节　受火压力容器的检验与安全评定 121

第四节　电站氢气压力容器安全性能的评定 124

第五节　金属压力容器声发射在线检测和安全评定 127

第六节　在用蒸压釜的定期检验和评定 129

第九章　特种设备应用研究 132

第一节　特种设备检验中大数据的应用 132

第二节　特种设备检验数字化推广应用 135

第三节　光电信息技术在特种设备上的应用 141

第四节　数字化技术在特种设备管理中的应用 143

第五节　接地技术在机电类特种设备中的应用 146

参考文献 150

第一章 特种设备概述

第一节 特种设备的检验检测

在我国，特检技术机构绝大多数为市场监督管理部门直属的事业单位。近年来，随着事业单位改革进程的推进，部分特检技术机构已经改制转企，如大连市特检院、山东省特检院等，今后转制改企的进度会加快，特检技术机构必将面临日趋激烈的市场竞争。这就要求特检技术机构必须未雨绸缪，不断优化其服务社会的能力与水平。

一、传统的检验业务管理模式中存在的问题

（一）检验工作管理效率不高

传统的检验业务管理模式存在的问题之一是检验工作管理效率不高。在检验当天，检验人员需打印设备的基础信息表并附上空白检验原始记录表格前往检验现场。检验期间需逐一填写测量数据并签名确认。检验完成后，检验员需将数据信息录入电脑系统。检验数据经审核、批准环节，形成检验报告书。工作人员将报告书和检验标志逐一打印并手工盖章，并根据报告书编号对所有报告进行排序发放。检验设备量越大，填写、录入、打印的工作越繁重。业务档案管理方面，部门档案管理员须将同一台设备的检验报告和原始记录对应合并，并按使用编号顺序逐一排序入盒上架。借阅时根据使用编号检索、调取，并填写借阅登记表。除报告书外，窗口日常接收到的业务资料，如检验申请单、使用单位营业执照、结果领单、设备异常情况说明等，均需要工作人员按一定的检索顺序整理存放。从上述管理模式可看出，以往的检验业务信息化仅限于机构内部的设备信息的储存查阅、基础数据统计等环节，其余大部分管理工作均处于人工处理阶段，须花费大量的时间和纸质资源，效率不高也不利于环境保护。

（二）特种设备检验是公益性检验还是经营性服务的性质不够明确

传统的检验业务管理模式存在的问题之二是特种设备检验是公益性检验还是经营性

服务的性质不够明确。我国特种设备安全监察长期以来实行的是行政监察机构和检验检测机构双轨制运行体制，检验机构为政府设立的事业单位，主要从事型式检验、监督检验、定期检验的法定检验以及使用单位委托的自检、年检等业务。其中，法定检验是强制检验，带有浓厚的行政监管性质；而对于使用单位委托检验类的经营性业务，检验机构又可看成是一个独立的第三方机构，检验的目的都是为了保障安全，而二者的检验项目往往存在交叉和重复，到底检验行为是属于法定职责还是基于合同关系的商业行为，是行政监管的延伸还是市场行为下的检验服务，两者边界模糊，在开展业务时存在既是运动员又是裁判员的问题。

二、特种设备检验检测安全问题的完善策略

（一）推进标准化检验程序，落实检验人员的主体责任

对于常规的、常见的设备会有通用的检验方案，还应从通用方案中提炼出标准检验程序，实现检验程序标准化，就能保证检验项目全、效率高、不出错。另外，一定要明确检验报告中检验、审核、批准三级程序中各自的责任。检验员作为检验过程的组织实施者，既要保证棘手的检验任务及时完成，还要能够熟练运用检验标准来规避自己的风险。审核人员尽管不在现场，但审核时一定应判断检验报告与标准的符合情况。检验机构应建立相应的检验责任追究制度，如果报告出现重大过错，那么检验员、审核人、批准人均为过错责任人，通过制定相应的惩处措施，来要求每级人员担负起自己的责任，各级人员应根据职责分工，研究规避风险的措施，说到底还是落实责任的措施。

（二）加强管理工作

特种设备检验检测的过程中会涉及多种仪器，这也要求能够对相关仪器进行高质量的运用，要求检验检测人员能够更好地控制和管理相关仪器，从而提升工作效率。这就要求根据特种设备检验检测工作，建立健全相应的管理制度和体系，将特种设备检验检测工作中需要的仪器进行科学合理的利用，并且能够按照检测设备的要求进行检测工具的合理配备；按照仪器的操作规范严格使用，并且能够根据检测质量要求，保证检测工作的顺利进行。在检测过程中，结合检测设备进行相应的仪器配备，借此来发挥仪器的最大功效。

（三）超声检验

以电梯为例分析，电梯起重机械的钢结构部件中存在不少角焊或对接焊的问题，对于这些焊接位置的质量缺陷，可以采用超声检验的方法。超声检验主要是借助超声波进

行无损检验的方法，也是起重机械零件部件质量缺陷检验最常用的方法。常用于检验电梯起重机械吊具、真空吸盘、主梁盖板、悬挂夹板螺栓等焊接拼接为指导内部裂纹及一些金属受力件的结构受力情况、强度等质量问题。

三、目视检测技术的优点

（一）有较高的裂纹检出率

利用目视检测，主要是指对各种物品检测时采用肉眼观察或光学仪器观察的方式，这种方式能够减少检测物品的准备时间，还能够省略一部分检测工序，从而保证检测过程的方便快捷。相对于磁粉检测和渗透检测而言，目测检测技术能够达到其3倍和8倍以上，灵敏性比较强。100~150cd/m² 是人眼的基本中等亮度，当中等对比度达到 20~30 时，人眼的分辨率一般为 0.2mm，也就是说当物品的宽度与 0.2mm 相等或者大于 0.2mm 时，就可以被人眼检测出。但是如果采用一些仪器比如放大镜进行检测，就能够在一定程度上提升检测的灵敏度。

（二）能够应用到小空间

如果采用磁粉或渗透的方式对较小型容器或者集装箱等物品内表面进行检测，那么就很容易出现检测失误，并对物品造成一定的损失。为了解决这些问题，一般情况下都是应用目视检测技术，借助内窥镜或者反光镜等仪器。现如今，人们越来越重视特种设备的安全性，所以为了提高特种设备的这种性质，目视检测技术越来越被应用到各种小空间的设备检验工作中。

（三）对于大缺陷有较高的检出率

对于一些特殊设备，可能本身就存在一些危险裂纹，但是在使用磁粉检测之前，无法对这些裂纹进行预估，因此选择磁粉检测时磁粉粒度并不是刻意的。而采用磁粉对宽度大的裂纹进行检测时，很难实现细磁粉搭桥，同时也很容易让检测物品出现新的磁痕。当磁痕出现后，在验证时无法将其擦掉，这在一定程度上增加了检验人员的工作难度，容易出现漏检的情况。对于这种问题，应该加强工作人员的检测水平，通过专业培训的方式提高工作人员的目视检测技术，通过目视检测技术提高裂纹的检出率。

（四）操作快捷方便

利用目视检测技术只需要相关工作人员通过肉眼进行观察即可，并且对物品进行检查时根本不会受到位置的限制，可以进行全面检查。在检查完成后，还可以迅速得出检测结果，而且一般情况下不需要特殊仪器的辅助，所以这样的检测方式，不但简单、高效，还能为企业节省很多资金成本。

四、在特种设备检验中目视检测技术的应用

（一）目视检测内容

特种设备一般是指危险性较大的大型设备，在工地、商场应用比较多，将目视检测技术应用到特种设备的检验中，能够对设备的动刚度、电气等方面进行检测。利用目视检测技术对设备的动刚度进行测试，主要是检测起重机金属结构于动载荷下的抗变形能力，在一定程度下冲击荷载会出现在起重机卸载、起吊等过程中，在这种情况下很容易让起重机产生大幅度的振动频率，当振幅或振动频率过大时，对起重机司机的心理状态就容易造成干扰，从而影响其正常工作。利用目视检测技术对电气部分进行检测时，主要是在可靠性上对各种紧急断电开关、电器原件等保护设备进行检测。

（二）应用案例

目视检测技术现在得到了广泛应用，很多企业在实际检测过程中都将其作为一种重要的检测技术。比如在某市的石化分公司中，需要检测柴油加氢设备，利用目视检测技术，通过对物品直接进行肉眼观察，能够快速得到设备的保存效果。一般情况下，利用目视检测技术对柴油加氢设备进行检测时，需要找准时机观察设备的内表面焊接管头部位，在准确的时机下进行检测，能够提高检测结果的准确性。此外，为了避免物品检测时出现失误导致物品存在缺陷，应该对光度进行调节后进行二次目测，从而提高检测效果。

（三）保证目视检测技术有效应用的措施

加强检验工作的重视程度。特种设备对于很多企业而言，影响着企业的经济利益，因此应该加强企业对特种设备检验工作的重视程度。提高特种设备的安全性，能避免特种设备发生爆炸、脱落，不但能减少人员伤亡，保证员工的生命安全，还能够减少对特种设备进行大型维修带来的经济损失。一般特种设备被广泛应用在工地、商场等人流量大的地区，所以提高特种设备检测结果的科学性和准确性，对社会也具有很重要的意义。比如电梯，在很多居民楼内都在使用，因此对其进行检修时应该由相关企业或者物业负责，由专业的设备检修人员进行检修，并对特种设备进行定期检查和维护，从而保障各种特种设备的安全运行。

提高检验人员的综合素质。特种设备不但危险性较大，而且关系着企业的直接利益，对社会也具有重要影响，所以对特种设备进行检测时一定要选用专业的技术人员。为了提高技术人员的技术水平，就需要企业对相关技术人员进行技能培训，提高资金扶持力

度，不断引进先进的技术人才，并聘请专业的教师对技术人员进行培训，从而建立专业的特种设备检验人员团队。在进行培训时，应该做到因材施教，并顺应社会的发展趋势，在企业内开展定期培训，保证员工的技术能力能够符合特种设备不断更新变化的速度，从而保障特种设备的安全运行。同时，还应该加强技术人员对检测工作的重视程度，了解检测结果出现失误会对社会带来何种程度的危害，这样能够让员工保持科学严谨的工作态度，提高工作效率。

保证器材的完整性。一般情况下，采用目视检测技术只需要技术人员利用肉眼进行观察即可，但是有些特殊情况也需要借助放大镜、望远镜、反光镜等专业设备。比如对于一些设备，可能缺陷尺寸比较小，此时利用肉眼无法进行直接确认，那么就必须要借助放大镜；有些设备需要进行全面观察，但是利用肉眼观察一些角度时可能会出现困难，因此可以利用反光镜；对一些物体的内侧进行检测时，因为受空间或距离的影响，很难用肉眼直接清晰观察到物体内侧较远距离的情况，此时就需要使用望远镜或内窥镜作为辅助进行观察，从而获得物体的内壁情况。此外，除了上述设备还需要机器人、光导纤维、自动系统等辅助器材。因此，在利用目视检测技术时，技术人员还应该根据实际情况选择准确的辅助器材。这就要求在日常管理中，对于这些辅助器材不但要保证其完整性，还应该进行科学的保管，这样才能够让检测结果更加科学准确。

随着社会发展的需求，特种设备应用范围不断增加，但是，特种设备因为具有较大的危险性，因此，应当严格按照国家的相关规定对其加强检验检测，并且基于当前存在的检测安全问题进行整改，进而提升检验检测工作的安全性。在特种设备的检验中，目视检测技术得到了越来越广泛的应用，并且检测结果具有方便、快捷、高效的特点，因此应该引起重视。

第二节　特种设备的安全评估

近年来，特种设备安全监管责任单位不断探索新的监管方式，原有的特种设备监管框架下的监察、检验机制不断得到完善。尤其是监管部门通过政府购买服务，委托特种设备综合检验机构对特种设备使用单位进行安全评估，提高了特种设备安全监管的精准性和靶向性。

2019年至2020年两年间，笔者单位先后承担了辖区内12个县市区特种设备安全评估和老旧电梯安全评估的任务，为开展这项工作积累了宝贵经验。

一、特种设备使用安全评估工作的开展方式

特种设备使用安全评估工作一般是由市场监管部门主导，提出评估任务、技术指标、完成时限，由具备资质的特种设备检验检测机构经过招标、竞争性磋商、询价等市场行为承接任务。安全评估工作在开展前，市场监管局对所有评估的特种设备使用单位下达评估指令，并负责联系、协调受评使用单位。

特种设备检验检测机构组建评估小组，采用档案查阅、现场查看、人员交流等方式，对各使用单位进行初次评估，根据评估过程中发现的问题，形成《特种设备使用安全评估备忘录》（一式三份，受评单位、综合检验机构、辖区市场监管局各一份），要求使用单位期限整改。整改期限结束，安全评估工作小组再次到各受评单位，对评估问题整改情况进行现场确认。评估问题已全部得到有效整改的，评估过程结束。问题尚未完全整改，但事故隐患已基本消除，安全风险处于可接受水平的，督促受评单位继续整改，同时对设备采取有效的监控措施；对评估问题拒不整改、明显存在违法行为的，或所用设备已不能满足安全技术规范和标准要求的使用单位，转由辖区市场监管局依法处理。

二、特种设备使用安全评估工作的成效

两个年度内，共有365家特种设备使用单位接受了安全评估，涉及锅炉、压力容器、压力管道、电梯、起重机械、场（厂）内机动车辆、大型游乐设施等特种设备3600余台套，共发现各类问题850条，其中安全管理方面的问题360条，特种设备使用方面的问题490条。对全市12个县市区涉及206家企事业单位的659台老旧电梯进行了安全评估，发现各类隐患7725条，其中一类风险3831条，二类风险3146条，三类风险748条，保障了全市电梯安全运行。

特种设备使用单位出现频次较高的问题主要有：

1. 未按照TSG08—2017《特种设备使用管理规则》要求建立安全管理制度和岗位安全责任制度；

2. 未按要求逐台建立特种设备安全与节能技术档案，或设备档案资料不齐全；

3. 无特种设备作业人员培训记录；

4. 未制定特种设备事故应急专项预案，无演练记录；

5. 在用特种设备未办理注册登记手续，停用设备未注销；

6. 无特种设备日常使用、维护保养记录；

7. 压力容器、压力管道未按照相关技术规程开展年度检查；

8. 压力表、安全阀、电梯限速器等检定证书或校准报告超期；

9. 特种设备作业人员未持证上岗，或证件超期未复审。

三、开展特种设备使用安全评估工作的意义

特种设备使用安全评估不同于安全监察部门的监督检查或执法检查，也不同于特检机构的法定检验，而是对具体使用单位和具体设备的整体安全评价，是对特种设备使用环节开展安全监管的有效补充，对于保障特种设备安全运行具有重要意义。

首先，对于特种设备使用单位而言，通过安全评估，可以借助特检机构的专业技术力量，有效识别其在特种设备安全管理和使用过程中存在的漏洞，查找设备本体存在的安全风险和事故隐患，对其特种设备安全风险分级管控和事故隐患排查治理双重预防体系建设提出专业化建议，提升受评使用单位安全风险管控和事故隐患的自查自纠能力，而且不需要受评单位承担任何额外费用。因此，使用单位是特种设备使用安全评估工作的最大受益者。

其次，对于特种设备安全监察部门而言，安全评估可以有效地解决基层安全监察机构技术力量不足的问题。根据《山东省市场监督管理局关于加强基层特种设备安全监管工作的指导意见》（鲁市监特设字〔2020〕174号），特种设备安全监管工作的责任主体将逐渐下放至基层市场监管所层级，但目前部分市场监管所普遍存在特种设备安全监察人员数量不足、特种设备专业知识和检查能力不够等问题。基层监察人员通过全程参与安全评估工作，可以在第一现场直接获取特种设备及其风险识别、隐患排查等方面的基础知识和专业技能，为提升特种设备安全监察能力开辟了新道路。

最后，对于特种设备评估机构（一般建议由本地特检机构承担）而言，安全评估是对本机构专业技术服务能力的综合考验。通过开展安全评估，可以强化相关人员的专业技术能力，积累安全评估工作方面的宝贵实践经验，提升机构整体专业技术服务能力。

四、开展特种设备使用安全评估工作的建议

特种设备安全涉及人民群众的人身财产安全和国民经济发展，需要使用单位、检验机构、安全监察部门各方的共同努力才能做好。目前特种设备使用环节存在的最大问题是使用单位安全主体责任意识不强、对相关法律法规和标准规范了解不够、专业技术人才缺乏等。通过政府购买服务的方式，适时开展特种设备使用安全评估，对于加强特种设备使用环节的安全监管，提升特种设备安全运行的保障能力，强化特种设备使用单位的安全主体责任意识，都具有重要的现实意义。而且，通过主动给使用单位提供免费的

评估服务，可以畅通使用单位、监察部门和特检机构三者之间的沟通渠道，加深对各方工作的相关理解，形成相互支持、齐抓共管，共同保障特种设备安全运行的良好局面，也有利于使用单位、检验机构和安全监察部门更好地履行各自的职责，更好地为特种设备安全运行保驾护航。

第三节 特种设备的安全监察

特种设备泛指那些可以危及人身安全且危险性较高的设备，如锅炉、高压管线、起重设备、电梯和大型游乐设施。特种设备的广泛应用可以为人们的生活带来诸多便利，但也伴随着很多不安全的因素。因此，笔者根据多年的工作经验，总结了一些在特种设备安全监察中普遍存在的问题，并针对这些问题提供了一些整改措施。

一、国内特种设备行业发展简介

我国的特种设备可以分为两大类，即承压类特种设备和机电类特种设备。其中生活中常见的电梯、大型游乐设施和客运索道等属于机电类特种设备；锅炉、压力管道、压力容器等属于承压类特种设备。

国内政府为了加强特种设备的安全管理，已经从设备的生产加工、日常使用和定期检验三个环节制定了严格的管理规定，并由有关部门进行全过程的监督，据不完全统计，目前国内已经有600余家综合性的特种设备检验机构。

然而，在实际工作中，依然会出现各种各样的问题，如检验机构的检验设备更新换代不及时、机构的规模太小无法承担过重的工作负荷、检验专业人员后备不足等。这已经严重制约了国内特种设备的检验，使得特种设备的后期使用存在一定的安全隐患。

二、国内特种设备安全监察中存在的主要问题

（一）企业特种设备的安全意识较差

近几年特种设备事故频发，究其根本原因不外乎使用单位贪图一时的经济利益，为了节省成本，无视国家的法律法规，使用了不符合要求的特种设备或未按规范标准的要求，未按期对特种设备进行检验，从而造成了严重的经济损失；有些企业对于安全管理机构十分轻视，认为其不会带来任何直观的经济收益，进而从未对管理人员进行安全培训，导致企业的安全生产责任落实不到位。在实际工作中发现，有些企业在采购特种设

备时，不审查供货商的资质、到场设备的合格证，也不想有关部门报检，在未经审批的情况下，私自按照特种设备，对特种设备的操作人员也不进行任何岗位培训，最终导致意外事故发生。

（二）特种设备的法律体系不健全

没有规矩不成方圆，法律法规是维护社会正常秩序的有力保障，而维护特种设备行业秩序的就是有关特种设备的法律法规和规范标准。但是，我国对于特种设备方面的法律法规尚不完善，存在较多遗漏之处。首先，国内依然没有针对特种设备进行比较完善的立法，尽管已经颁布了一部有关特种设备安全监察的行政法规，但是国内对于压力管道、起重设备和游乐设备等特种设备的安全监察工作比较晚，工作基础薄弱，安全监察的法律体系也不完善，无法真正起到作用。其次，法律法规的内容更新不及时，无法与特种设备行业的发展速度不匹配。尽管法律法规中对于特种设备的法律责任划分和安全监察的基本制度做出了比较明确的规定，但是部分内容依然不完善，对于特种设备发生事故时，如何进行处理没有给出比较明确的说明，在实际操作过程中缺乏可操作性。然后，特种设备安全监察部门的规章制度不健全。大多数监察部门发放的文件都是以文件的形式发送出来的，其权威力度明显弱于部门的规章制度，这直接导致特种设备的生产单位和使用单位对这样的文件毫不重视。最后，由于国内对特种设备的管理工作刚刚起步，对于特种设备的事故原因划分不够细致，划分也不准确，事故的档案归档后，再次查阅的难度较大。

（三）安全监察机构的行政执法强度不足

特种设备安全监察机构属于政府的行政执法机构，特种设备安全监察工作人员也就相当于执法人员，但是在实际工作中，经常会发生特种设备使用单位的行政级别要高于特种设备的安全监察机构，这导致了执法人员在展开工作的过程中底气不足，执法的强度不够。同时，部分执法人员缺乏自我约束意识，对于特种设备的执法行为没有严格按照法律法规进行操作，甚至有些特种设备安全监察机构只将工作留于表面功夫，在特种设备的使用单位进行特种设备报检时，只是简单地对到场设备的合格证和供应商的企业资质等材料进行审查，没有到场进行实地检查，就直接审批通过，完全失去了特种设备安全监察工作的真正意义。此外，政府之间的职能划分存在诸多歧义和重叠的情况。在国内很多地方经常会出现一个特种设备需要到多个政府部门进行审批备案的情况。

三、解决目前特种设备安全监察问题的对策

（一）加大资金投入引进最新设备

首先，要提高当地政府对特种设备安全监察工作的重视程度。在此情况之下，可以分配更多的资金用来引进最新的检测设备。随着特种设备行业的不断发展，传统的检查设备已经不再适用，必须进行更换；同时，最新的检测设备不但可以对新型的特种设备检查检测，也可以提供更为准确的检测数据和更快捷的检测服务，大大提高了检测的效率和正确率，为特种设备安全监察机构能够正常地完成工作打下了良好的基础。

（二）加强安全思想培训工作

首先，要在特种设备生产企业中树立以人为本的安全观，树立起安全第一的企业文化。务必将企业的安全文化渗透到企业的安全日常管理之中甚至安全生产的每一个环节。其次要加强对于企业员工进行有针对性的安全培训，不断提升员工的安全自我防护意识，在实际工作中，务必做到不伤害他人、不伤害自己，也不被他人伤害的三不伤害原则。安排培训的形式应丰富多彩，不能拘泥于枯燥的教学形式，可以将授课地点安排在员工实际的工作场合，将安全理论与实际工作进行完美的结合，从而加深员工的印象，真正地提高员工的安全防护意识。

（三）特种设备生产企业进一步完善管理制度

近年来，国家越来越重视施工生产的安全管理，各企业单位已经开始陆续完善自身的管理制度和企业内部的岗位职责。特种设备生产企业的安全生产主体就是特种设备制造和使用，生产部门对安全生产负有主体责任，但是生产部门也是安全生产的最大受益者，理应自觉地落实好安全生产责任制，以认真、科学的态度来完成特种设备的安全生产。

（四）引进先进的特种设备评价方法

将特种设备行业发展较好的国家的特种设备评价方法引入国内，并依据此对国内的特种设备进行更为细致严格的划分，然后将特种设备划分为几个大类别，进而轻易辨别出特种设备品质的优劣，为特种设备的使用提供了诸多便利。

特种设备的安全使用关系每一个人的生命和财产，因此必须加强特种设备的安全监察工作的管理力度。特种设备的安全使用不单单依靠其较高的产品质量，还要求设备操作人员的正常使用，更要对其进行定期的维护和保养，所以，特种设备的安全监察工作是十分繁重而又复杂的。要求特种设备的安全监察工作人员要端正工作态度，竭尽全力

投入工作之中，认真学习发达国家的先进工作方式并适时地引入国内的日常工作之中，以提高国内特种设备监察的工作效率，进而实现国内特种设备安全监察水平的全面提升。

第四节　特种设备事故分析

特种设备的管理涉及非常多的方面，在过去的管理课程中，很多设备的管理只是停留在表面，没有深入进行事故原因的分析，或者导致企业的设备管理过程中，出现很多的风险管理问题。特种设备的管理是非常重要的，不仅关系人民的生命安全，而且化工企业的生产，会对人们的生命财产都造成巨大的威胁。这些年以来，虽然化工企业已经取得了很大的进步，但是事故的发生率还在上升。所以我们要高度重视特种设备的使用问题，严格做好质量的把控，特别是在设备的使用过程中落实预防的措施。这对于我们加强特种设备管理有着深刻的意义，因此我们必须要从机制创新以及提高人员素质等方面，不断深入分析特种设备的事故原因，这样可以实现管理水平的极大提升。

一、特种设备基本管理存在的问题

特种设备操作人员的资质漏洞。目前在进行特种设备基本管理的时候，操作人员是最基本的要素。无论要进行怎样的特种设备操作管理，我们首先都应该把操作人员作为最基础的要素来抓。所以在他们进行特种设备管理的时候，要求工作人员必须要符合相关的资质，而且要明确特种设备的管理流程和操作规范。只有通过这样的方法，我们才能够为特种设备的安全管理奠定基础。但是从现在的特种设备管理人员来看，很多的工作人员都没有相关的资质，甚至是无证上岗的，这样的现象就导致了特种设备的安全管理存在了很大的风险。这些操作人员对于特种设备的使用没有正确的认识和相应的技术，在风险来临的时候，他们缺乏必要的措施，还没有报警的机制。因此，这都是因为相关的企业认识不到位，只是一味地追求企业成本降低，对于特种设备方面的专业人才没有引入，导致了特种设备操作人员的资质存在了很大程度的漏洞，对于管理上也不能够实现真正的落实。

特种设备的企业管理态度不够。特种设备是需要企业严格进行管理的，而有些企业没有对这个特种设备的管理抱着认真负责的态度，而只是追求不要出错。这样的态度就充分反映了企业的侥幸心态，只是认为设备不要出事就可以了。但是他们不知道，很多设备管理人员连基本的操作规范都不熟悉，也没有将风险问题进行及时的传送，忽略了最基本的安全管理，导致了更大的风险漏洞出现。而且他们在进行企业管理的时候也没有经常开展预防性的措施，只是对一些机制进行修补，但是工作重点只是放在了已经发生的事故上，往往只是亡羊补牢，这样的方法并不利于从根本上改变安全管理工作。

现场监察还存在了形式主义。特种设备的管理工作需要受到监察人员本身的资质影响，也要受到特种设备知识的影响。因为特种设备管理是一个动态的过程，每年都会推陈出新很多新的内容，如果这些工作人员不加强自身的学习，那么就会对特种设备的管理知识渐渐忽略。在工作的过程中，他们没有掌握自己的核心技能，也没有对这些相关领域的知识进行补充。在工作的过程中，特别是现场开展检查的时候，往往对一些出现的问题不容易察觉。当后期已经发生风险问题的时候，他们已经错过了最好的时机。

上报制度的漏洞。目前很多安全管理特种设备的企业上报制度还没有完善。特别是对于一些特种设备的定期维护保养情况，以及很多需要统计报告的数据，还没有做好定期的汇总和统计工作。许多特种设备的数据没有及时进行更新，也没有进行汇报和备案。由于这些制度上的漏洞，特种设备的管理往往没有实现专项的管理，出现了形式主义，资料不能够及时上报。

二、特种设备事故预防措施

不断完善管理网络。在特种设备的管理过程中，需要不断健全管理的网络。定期进行特种设备的安全会议，强调安全生产的重要性。而且在会议之后，各个小组也要为具体的操作人员做好安全教育工作。对于一些出现的问题，如果不能够解决，要把这些问题上报给专业的技术人员，让他们协调解决有关的难题。

建立健全规章制度。作为现代特种设备的操作者，在他们正式上岗以前，相关的企业就需要提前考核，让这些操作人员考取相应的证书，并且通过安全教育的测试，取得了理想的成绩，然后才可以管理特种设备。在这些操作人员上班以后，也需要经常组织专业的培训，开展不同岗位之间的比赛活动，让操作人员时刻重视安全工作，不让工作状态流于形式。

加强特种设备数据的信息管理。目前信息技术正在不断发展，如果通过企业特种设备的数据信息管理，可以建立设备的台账，并且对这些日常的数据加强管理。监控应用程序是指信息流、触发器、实时要求和不精确数据普遍存在的应用程序。传统的数据库管理系统是基于HADP模型的，因此不能为此类应用提供足够的支持。传统的数据库管理系统一直面向业务数据处理，因此被设计出来满足这些应用程序的需求。监控应用程序，我们将展示这些应用程序与传统的业务数据处理有很大的不同。一个软件系统必须处理来自多个源（如传感器）而不是人工操作员的连续输入并做出反应，这一事实要求人们重新考虑这个应用领域的数据库管理系统的基本架构。在进行查询的时候，能够在这个数据网络的基础上进行登记和注册，做到了全方位无死角的记录。确保特种设备的档案不断齐全和完整，加强设备的图样设计，在检修的过程中可以应用到这些检验的要求和证书。

目前，对特种设备的管理要求要严于一般的生产设备。目前特种设备的监管还没有完全到位，特种设备事故还时有发生，特种设备使用单位还应该加大力度对其进行管理。

第二章 特种设备检验检测的理论研究

第一节 特种设备检验检测的发展

特种设备在很多工业施工过程中都有着重要的应用，为了保障相关施工的正常进行，更为了确保工作环境和工作人员的绝对安全，特种设备的运行质量必须得到相应的保障，这就要求在设备的生产和应用过程中，监管部门必须通过有力的工作，对设备进行严谨的检验检测。现阶段，在政府部门的提倡下，我国关于特种设备的检验检测工作已经得到了一定的发展和提升，但是在这个过程中仍然存在着隐患问题，为了确保特种设备在工业中得到更好的应用，这些问题必须尽快解决。

特种设备主要以承压类特种设备和机电类特种设备为主，其使用过程中存在较大的危险，极易对人们的生命财产造成威胁。因此需要在特种设备使用过程中做好检验检测和管理工作。但在实际工作中，特种设备检验检测工作本身也存在有较大的隐患，因此需要加大特种设备检验检测技术支持力度在对特种设备检查过程中要加大技术支持力度，同时还需要强调检验检测质量管理工作，有效地将事故降至最低，维护好特种设备的安全运行，使其能够稳定地运营，有效地保证人们的生命财产。

一、特种设备检验检测工作的重要性

在特种设备的安全运行中，特种设备安全监管对企业的安全生产提供了重要的技术支持以及安全保障。当下我国特种设备检验工作已经初步实现了较为完善的市场化的探索，这不但对现实工作中的设备检验具有重要的意义，还对市场化在设备检验检测中的推广起到了重要的作用，通过特种设备检测的市场化发展，不但可以使得政府简政放权，促进政府工作效率以及社会效率的提高，还能够提升整个特种设备检验检测行业的健康良性发展。在当今我国特种设备越来越多的情况下，整个安全形势要求日趋紧迫，以及越来越大的服务竞争，社会对特种设备检验检测工作的公平性与专业性要求在与日俱增。

二、特种设备检验检测工作中存在的问题

（一）企业没有建立一种完善的管理体系

目前国内有部分中小企业还没有根据特种设备的类别制定有针对性的管理体系和制度，忽视对人员的管理培训，这使得与特种设备接触最为密切的工作人员还没有掌握最为先进有效的科学可行方法。除此之外的一些企业，并没有采取国内市场流通的最适合企业特种设备管理的方式，对针对性培训和检验没有一个较为全面的认识，这种管理思想和行为不仅影响了企业在设备管理上的进步进程，在某种程度上也影响了整个企业的安全生产和长远发展。

（二）设备检验从业人员的专业素养不强

由于从业时间短且检验范围广，部分从业人员的专业素养不够强，没有处理非常规问题的经验。因此，也保留了师带徒的良好传统。这几年政府开始逐渐重视特种设备检测的重要性并加大投入，但是由于历史原因，还未完全形成一股专精尖的力量，使得在短时间内我国的特种设备检验行业存在人才流动、不稳定等特点，给设备检验带来了一定的困难。

（三）安全问题

特种设备自身是一种风险性较强的装置，所以特种设备检验检测工作带有较高的安全风险，在检测过程中检测检验人员处于较为危险的环境中，如易燃易爆场所、有毒有害场所、放射线场所、登高作业等，对此需要高度重视特种检验检测工作，对发生的安全事故原因进行分析。就当前的事故发生原因来说，主要如下：①特种检验检测机构人员的专业素养参差不齐、安全意识较为薄弱；②未建立健全的安全管理制度，在实际工作中安全管理制度不能得到深入落实，仍然存在违章作业等问题；③采用的检测设备手段较为落后。

（四）技术问题

实际操作中，类似生产企业、石油加工等，检测其压力设备、油罐设备以及石油输送管道等，这些设备或者管道中经常会有一些可燃性气体或者液体，而且内部压强也会比较高，因此若使用以往的检测设备进行检测就容易引发这些设备或者管道相关的安全事故，如此一来不仅会让检测效果受到影响，更会让企业遭受经济损失甚至会影响企业的后期发展。

三、特种设备检验检测的发展趋势

（一）逐步建立起健全的安全检验检测管理体系

首先，要针对检验检测的规划和执行策略进行认真的研讨和分析，通过协商来制定短期和长期的检验检测工作方案，明确各个型号的特种设备的确切检验检测时间。在开展检验检测的前期，还要向客户通报检验检测的具体时间和所需要花费的时间，以便于客户对自己的生产计划做出适当的调整，以免耽误正常的生产活动。其次，要严格按照检验工作程序和作业指导书要求，对各种特种设备的具体情况进行全面细致的研究和分析，制定检验方案。

（二）加大资金投入，采用先进设备

淘汰老旧设备，提高检测设备的先进性，在发达国家部分危险性较高的检验环境已经可以应用机器人等进入危险环境中进行检查工作。与此同时，也可采用先进的检验设备对被检设备中存在的缺陷进行检查，排除安全隐患，避免安全事故的发生。所以，作为特种设备检验检测机构，需要增加经济投入，与时俱进，采用先进的仪器设备，提高检验检测的准确性、高效率，降低安全事故发生的可能性，也可保障检验人员的人身安全。另外，需定期对检测设备进行检查和维护保养，确保检测仪器的性能，并保证仪器设备在检定周期内。当前国家对于特种设备的检验检测有着较为明确的要求，如在检验电梯、起重机械过程中，工作人员必须携带如常用钳工、电工工具等常规设备，平衡系数测试仪等先进设备也逐步应用到检验工作当中。

（三）将物联网技术应用到检测工作中

特种设备管理的工作内容主要包括设备的报废、维修改造、安装、移装、使用、生产以及设计等，主要遵循以材料追踪和人员追踪的方式为主。特种设备检测中应用高射频识别技术，主要是检测人员通过PDA联通互联网，为生产的设备进行电子代码的授予。具体如下：在特种设备设计初期，检测工作者通过PDA扫描电气元件中的信息代码，从而确认投入现场使用的设备，并且通过PDA能够确定历史检测次数、检测时间以及设备的制造设计等资料，并且通过PDA联通的互联网传输到信息处理中心后，通过服务器分析获取的数据，并生成报告。

（四）检验手段现代化建设

随着科技的不断发展、进步，特种设备所含的技术含量也越来越高，以往的检测手段无论是从精度上还是方法上已无法满足现在的要求，这就需要特种设备检验手段的不

断更新，以保证能够与时俱进。就目前的情况来看，检验手段现代化建设分为仪器设备和检验方法两部分，需要重点加强研究。需要注意的是，对检测仪器设备的要求并非要最先进的或最贵的，而是从特种设备的安全性质出发，在保障检验人员人身安全的前提下对检测仪器进行更新，以达到提高检验精度和检验效率的目的。

综上所述，随着我国经济的快速发展，我国特种设备检验检测产业结构也在不断发展，当前我国在特种设备的产业链条发展不平衡。与此同时，我国对于特种设备检验检测的工作市场化需求越来越大，因此，只要相关部门制定出与之相符合的政策和办法，我国特种设备检验检测工作才能得到长足的发展。我们可以通过现阶段的调查分析得出特种设备检验检测的未来发展方向的预定，从而使得我国特种设备检验检测发展得越来越好。

第二节　特种设备检验检测的责任意识

目前有关特种设备检验安全问题从整体上来看处于较为平稳的态势，但是，在实际检验工作中仍存在着较多的问题。因此，为有效地保证设备的安全性能，最大限度地减少安全事故，在对特种设备进行检验检测的过程中，必须要求检验人员具备较高的责任意识，严格按照相关检验规范来展开检验工作，对设备各部件实施定期的检查，以确保设备的安全、正常运行，最终从整体上提高设备的检验质量与效率，为社会的安全生产提供有力的保障。本节着重对强化特种设备检验检测责任意识进行分析。

一、检验的定位

质检部门的特种设备检验定位不太明晰，检验机构隶属质检系统，是有独立法人的事业单位，具有挂靠在政府机构的行政色彩，不能算真正意义的第三方检验检测机构。随着企业法律意识的增加，企业间经济、质量纠纷的增多，在法院法庭的审理中，企业间往往把特检机构的报告书作为重要的法律证据，这就造成了报告书的尴尬性。特检机构的报告书只是在国家质检总局公布的检验规则规定的检验项目和检验方法下，对设备的安全性能进行检验，并不是按照国家或行业标准对设备进行质量检验，特检机构的检验项目远远少于产品质量的检验项目，也不能代替双方按照合同约定的技术协议和要求的内容，进行交接验收。法院在处理纠纷时，需要鉴定技术机构的技术支撑，但是这些机构往往也具有行政色彩，有质检部门的特检机构，有挂靠行业协会的机构，有军事部门的检验机构等。有些鉴定机构在采用国家标准上也不规范，造成法官在断案时采用技术证据的混乱。检验检测应该让有真正独立的第三方检验机构来实施，实现机构的"政事分开"。

二、特种设备检验检测的难点

（一）特种设备检验检测机构质量内部管理水平的差距

尽管按照 TSGZ7003—2004《特种设备检验检测机构质量管理体系要求》等规定，建立了质量管理体系，设立了质量管理部门，并取得了相应的特种设备检验检测资质，但是，同一检验机构的每个检验室之间存在不同层次的管理水平，特别是在程序化以及标准化管理方面，存在很大的个人把握执行差距，这种形式的差距会直接制约特种设备检验检测机构的整体质量。

（二）检验设备数量与专业检验人员数量的冲突

最近几年，我国的社会经济发展得较为迅速，特种设备检验的任务量和工作量有了大幅度的增加。然而专业检验人员数量方面为数不多，加之检验人员的实践能力和知识层次不够统一，同时又缺乏及时的、必要的相关培训，对于新检验方法、新检验规程、新标准等方面来说，在熟悉程度和理解程度方面存在很大的差距，会直接制约特种设备检验检测报告的总体质量。

（三）缺乏有效的监管

我国特殊设备的检验人员缺乏，尤其是专业化的检验队伍十分不足。因而，当前的诸多检验人员都是非专业出身，在检验工作中，对于违章操作或非法操作的现象十分普遍。相关监管部门，疏于管理的执行，造成该特殊行业的混乱现象，这点是造成安全事故的主要原因之一，也是该行业最为值得强化的方面。

三、强化特种设备检验检测责任意识的策略

（一）构建特种设备检验质量责任体系

在如何落实特种设备检验检测主体责任方面，主要研究的是如何构建检验检测质量责任体系，也就是依法落实特种设备检验检测质量三方责任的体系。由于特种设备安全工作的性质，事关人民生命财产，强化特种设备检验责任的理念，既是对人民负责、对政府负责、对从事特种设备检验工作的本人负责的集中体现，又是全面提高特种设备检验检测质量有效措施。

（二）增强督促检验员落实主体责任的力度

增强督促检验员落实主体责任的力度。一方面，要探索审核的主动性和有效性，加大审核力度，拓宽审核形式，注重审核实效，并且实行培训与审核相结合，审核与现场检验相结合。"审核"，既是把关，更是服务，充分体现在"服务中把关，在把关中服务"。因此，"审核"工作的方式要因地制宜，可以有不同的模式。另一方面落实检验检测主体责任的有关人员必须具体化，要增强针对性和操作性。检验检测的主体责任，从总体来讲是三方责任，但最为关键的应该是检验人员，他们既是检验检测过程的组织者、实施者，又是处理问题的直接当事人，更是提出问题、解决问题的主要人员。审核人、批准人严格把关，更要求检验人员的自律，靠检验员的法律意识、技术水平和责任心。落实检验员的主体责任，必须探索与检验报告有关的内容，创新规范管理。在内容方面，包括审核的工作记录以及审核后的处理，都要规范。要以探索创新的精神来规范工作，这种规范，既是落实责任的需要，又是合理规避责任的需要。检验员有检验员合理规避责任的办法措施，审核有审核的合理规避责任的办法措施。规避责任不是躲避责任，而是研究积极的、正面的、主动的、理智的规避风险的措施，说到底，就是落实责任的措施。

（三）努力提高现有人员的素质

提升人员素质，是履行职能和加快发展的根本保障。人员素质低，势必很多项目检验不了。即使能检验检测，势必影响检验检测质量，埋下先天安全隐患。可以说，检验检测人员队伍的素质能力是确保检验检测质量的关键。为此，必须把提升现有人员素质作为基础工作来抓，努力锤炼一支纪律严明、作风过硬、敬业奉献、忠诚履职的特检队伍。要营造浓厚的学习氛围，采取传帮带形式，由有经验的人员对相关人员进行结对"帮扶"。要有计划地组织相关业务学习，要分批分期走出去向先进检验检测机构学习。同时，要给检验人员更多高层次进修的机会，制订长短期培训计划、轮训规划，创造多渠道提高的机会。要选送检验检测人员到上级检验检测机构和有关高校、科研单位进行专业技术学习培训。

（四）必须努力提高检测机构自身的业务水平

检验检测人员要有与从事检验检测工作相适应的检验检测人员、仪器和设备，要有健全的检验检测管理制度和责任制度，保证检验的真实性、有效性，使检验结果合理化。

（五）建立创新绩效管理和激励机制

一个单位的发展必须有一套成熟的绩效管理和激励机制，并且这套机制能与发展相匹配，并实现及时调整，自我完善。这是一个检验机构必须面对、必须解决的问题，而现在我们从各类渠道都可以了解到特检机构工作的特殊性也决定了必须有这样一套行之有效的机制帮助特检机构发展,甚至是用这样的一套机制来持久地支持检验机构完成大的技术能力提升这样的战略目标,而我们现在缺少的就是这有这样一套机制。这种探索和建立还需要走很长一段路,多向发达省市学习,是我们少走弯路的必需品,从合理的绩效管理的框架结构中来解决分配制度与激励机制的匹配,从而彻底解决人才留不住的难题,打破技术能力提升的瓶颈,检验机构的发展才会更具活力。

综上所述,强化特种设备检验责任意识,构建特种设备质量检验责任体系,是当前检验技术机构的首要任务,是检验人员、审核人员、批准人员提高自身素质,保证特种设备检验检测质量的必要和充分条件,同时也是各自合理规避责任的办法措施。因此,特种设备检验质量责任体系要着重落实,最基础、最核心、最根本、最关键的就是检验主体责任的落实。

第三节 物联网与特种设备的检验检测

随着近年来我国科技与经济发展水平的提高,物联网技术已经在各行业经营与发展过程中得到了普及,切实促进了我国社会生产力的提高。特种设备的安全运行直接关系着我国居民的生活质量与安全,本节就物联网技术应用于特种设备检验检测系统中的实践展开相关研究,希望能够为特种设备安全运行质量的改善提供一定的参考价值。

物联网技术在我国各行业的应用与普及代表着新科技时代的到来,将其与特种设备运行管理进行融合可有效改善特种设备的运行质量,使其更好地服务于周边群众。对此,相关部门还需进一步加强物联网技术的应用实践,使其在特种设备检验检测工作中充分发挥技术优势,提高特种设备的运行管理质量。

一、关于特种设备的介绍

特种设备通常指具有较强的危险性,甚至涉及群体性居民生命安全的大型设备,如电梯、锅炉、压力容器以及压力管道等等。现阶段我国特种设备检验检测工作通常由专业检验机构、企业自检机构以及国家质检部门等承担。具体来讲,特种设备的基本特点可归结为以下几点:首先,面广量大。特种设备渗透于不同行业领域、居民基础生活以及国民经济的整体发展过程。其次,危险性高。我国特种设备属于机电与承压设备,一旦运行中出现任何故障都可能引发群体损伤,严重情况下甚至导致群死问题,严重影响我国社会的稳定。因此,以全面保障特种设备的安全运行状态为目的,相关部门一定要做好设备的检验检测工作,提高设备的质量保证,强化运行管理,防止事故问题的产生。

二、当前特种设备检验检测面临的主要问题

就现阶段我国特种设备检验检测工作的落实情况来看,其面临的问题主要包括以下方面。一方面,检验检测工作人工量较大、工作效率较低且容易出现检验疏漏问题,致使特种设备问题残留,产生安全隐患。同时,通过人工方式进行设备检验检测工作时需停止设备的正常运行,所以需要工作人员在有限的时间内完成检测工作,这样不但影响检测效率,同时也会对企业经济效益及居民正常生活造成一定影响。另一方面,当前特种设备检验检测工作记录并不十分详尽,使设备相关工作的安排缺乏合理依据,在后续检验检测中,工作人员也无法对特种设备的维修情况以及升级情况进行全面掌握,极易引起检测细节的偏差,最终影响设备的检测结果。此外,如今我国特种设备先进性水平逐步提高,传统检验检测技术显然已经无法全面满足当代特种设备的管理需求,检验检测相关数据指导价值逐步减弱,对设备最终的检测效果造成了很大的影响。

三、物联网技术的应用实践分析

(一)特种设备检验检测中对于高频射频识别技术的应用

在特种设备中,电梯设备的管理内容主要包括其设计安装及后续运维工作等,在实施设备动态检测的过程中,通常是以相关材料为参考并应用物联网技术系统实施具体管理。首先在电梯系统中增设物联网管理系统,同时将高频射频识别技术应用其中对出厂电梯设备加以标识,在生成识别代码之后由检验检测人员将专项检验检测仪器与无线网管理系统相连,实现设备信息的实施更新与灵活查询,并且实现设备信息的平台共享,便于设备管理速率的提高。在系统设计过程中,工作人员可通过PDA扫描信息代码,获得设备构件产地等信息,然后通过代码数据的读取获得设备设计及安装等环节的细节报告,对数据的记录进行检验,随即借助PDA途径将数据上传至中心处理器端口对其实是综合检验处理,同时自动生成检验检测报告。在上述过程中一旦发现任何问题,会有专业人员通过远程终端结合PDA传送的文件进行分析,并快速拟定合适的处理方案,这样不但能够快速解决问题,还能够有效地节省特种设备检验检测管理时间,提高设备管理工作速率。

(二)特种设备检验检测中对于程序编程接口技术的应用

随着物联网技术应用程度的加深,我国逐步将程序编程接口技术应用于特种设备检验检测系统中,主要是从设备的追踪环节入手,通过物联网技术功能模块与设备检验检

测系统的融合，以程序接口技术实现二者的嫁接。在设备检验检测管理系统中，程序接口实际上就是一个可以对应用程序相关部分进行调节的端口，以此使检验检测操作系统可以灵活地指向应用程序指令。借助程序接口可以构建不同功能且操作界面丰富的应用程序，应用程序接口技术是 Windows 系统当中的框架以及主要技术，可以灵活地控制计算机应用系统，同时还可以灵活处理系统当中的各种文件资源与数据参数信息。随着我国物联网技术应用程度的加深，已经可以借此技术构建多元化开放性的信息平台，实现相关信息的实时共享与线上交流，提高信息资源的利用率。通过对程序接口技术的充分利用，发挥其应有的作用，使检验检测系统之间的内容关联性变得更强，在出现新的技术的时候，也不用将系统重新做，只需要在原来的基础上进行增添即可。通过对应用程序接口技术的整合，能够节省大量的工作时间，提高工作效率，还能够对软硬件当中的技术特点进行结合，从而使特种设备检验的信息化和智能化水平不断提高。

随着社会的进步与发展，特种设备已经逐步深入居民生活、企业运行管理及整个国民经济发展过程中，并发挥了极为重要的作用。特种设备具有作用面广量大、且危险性高等特点。因此，相关部门一定要做好特种设备的检验检测工作，将物联网技术与设备检验检测系统有机结合，在检测工作中充分发挥网联网技术优势，提高特种设备运行安全。

第四节　特种设备检验检测的市场化

在当前社会高速发展的过程中，我国各行各业都比较重视生产中的安全，在目前健全的社会体系下，我国对于特种设备检测内容也提出了更高的要求。目前来看，我国特种设备检测过程中还存在较多的不足之处，需要采取相应的措施进行处理。为确保设备的稳定运行，同时保证人们的生命安全需要提高检测水平。本节对当前特种设备的检验问题进行分析，并提出相应的解决策略，以供相关人员进行参考。

特种设备与其他设备有较大的区别，在检测过程中很容易受到其他方面的影响而产生安全事故。为此，在检测设备的过程中一定全面进行细节检查，同时还要针对危险点进行标记，减少其他问题的产生。相比之下，特种设备的安全管理工作并非一件简单工作，需要做好系列工作才能保证设备的安全性。其管理工作相对比较复杂，做好检验能够减少安全事故的发生。

一、当前特种设备的检验问题

（一）设备检验人员在安全意识上存在问题

特种设备的检验工作相对比较危险，在展开相关工作的过程中，对于检验人员的要求相对较高。首先检验人员需要拥有较好的专业水平，同时还要具备较好的综合素质。其次检验人员需要有一定的安全意识，特别是在检测过程中能够对于一些存在的异常现象及时发现，从而减少安全问题的产生。最后，有较好的工作经验和处理能力，当设备存在潜在危险时能够及时发现，并采取正确的决策进行解决，防止安全事故的发生。

（二）检验工作不够规范

针对当前特种设备检验过程中，我国定制相关要求同时配合一套法律来进行管理，相应的检验人员需要根据法律内容和要求来进行检测，同时再对设备生成相应的评估。而在实际的操作过程中，许多检测人员根本没有按照要求来进行操作，甚至还有些专业人员水平没有达到相应要求，总是凭着自身的感觉来进行操作，给设备的运行造成极大的影响。

（三）监管力度不足

我国的特种设备检测人员比较稀缺，拥有专业能力较强的工作人员更是少之又少。数据调查显示，我国许多设备建设人员不够专业，在工作的过程中经常出现违章操作，而且相关的监管部门又缺乏监管力度，对于检验工作不够重视，从而造成众多安全事故的发生。

（四）特种设备检验方法存在问题

当前特种设备的检验工作包括两个方面，一方面是针对设备质量的检验，另一方面是做好监督工作。在产生特种设备的过程中，对其进行质检十分重要，在检测过程中需要符合我国规定的标准要求。设备自身安全性与人们的生命安全有直接关系。为此，在生产的过程中应该对其安全性进行全面检测。另一方面，定期检查设备能够及时发现设备存在的问题，让工作人员及时掌握设备的性能和功能情况，从而做好相应的监督工作，提升设备使用的安全性。

二、提升特种设备检验检测的有效对策

（一）定期对特种设备进行检查，保证其安全性

当前许多特种设备不够安全是因为相关的工作人员没有定期对设备进行检查，设备

的元件自身存在问题，没能及时发现，再加上时间的推移使其问题不断加大。所以，在平日应该加强对特种设备的检查，对设备的性能和功能进行全面检查，如发现设备存在老化现象应及时进行更换，从而减少安全事故的发生。为此，应有专业人员对设备内容进行全面检查，并做好相应的监督工作。

特种设备的检查工作具体应该分为以下几个方面：

（1）做好相应的检验基础工作，相应的检测机构应该做好规划工作，并针对不同类型的设备采取不同的制度，同时设置好设备的检测时间，可以通过通知、邮件、电话等形式进行公告，从而保证设备在合理的时间进行检查。

（2）制订相应的检验计划，相应的制造单位应该根据检验单位的要求来执行，定期安排检查，从而保证符合要求来进行生产。

（3）严格按照相关内容进行工作，在检验的过程中，相应的单位需要根据特种设备的具体情况来进行安排，找到一个较好的时间点，同时还要让工作人员按照相应的操作顺序展开，从而保证特种设备检验工作有效展开，提高其设备的安全性。

（二）加强特种设备的质量管理工作，提高其检验效率

检验特种设备需要许多相应的设备支持，检验设备在使用和管理上都应该做好相应的管理工作，从而能够保证检验工作高效地展开。针对当前特种设备的检验仪器可以从以下几点来进行管理：

（1）根据要求来对仪器进行调整，让仪器能够符合当前的配置需求，从而满足检验工作的要求，提高其工作效率。另外，仪器的运用应该简单方便，方面相关人员运用。

（2）在设备的引进方面应该符合相应的标准，按照需求来进行选购，同时还要对其进行检测，达到要求后再让其入库，入库后还要做好保养工作。

（三）加强检验人员的综合素质

特种设备检验工作对于人员的要求相对比较高，因此，检验人员必须具备较强的专业素质和较高的技能水平，同时还要具备一定的工作经验，从而能够应对各种复杂问题。如果缺少专业的检测人员就会使得工作效率受到影响。为此，应该加强对检验人员的培训工作，提升其专业能力，同时还要提升相关工作人员的专业素质。当前科学技术不断提升的过程中，其仪器的功能和性能进一步提升，对于工作人员提出了更高的要求，相关的工作人员需要不断地去了解相关技术，从而提升自身的综合能力。

综上所述，在当前社会高速发展的过程中，我国对特种设备的检测比较重视，不过目前来看，由于各方面因素的影响，特种设备在检测的过程中还存在较多的问题，相应的技术人员需要做好各方面的处理工作，采取有效的策略对设备进行检验，从而保证设备的稳定运行。

第五节 如何做好特种设备的检验检测工作

本节针对特种设备的检验检测相关内容，做了简单的论述。从检验检测工作实际来说，为了保证工作质量，需要做好检验检测前的准备工作，强化检验检测实施过程的把控，保证检验结果处理的质量。现结合具体实践，进行特种设备的检验检测工作要点总结，共享给相关人员参考。

特种设备在运行时，必须要保证安全性能。基于特种设备的安全性需求，我国对于特种设备的检测检验，以强制性以及全面性为主。目前，特种设备的检验检测工作，虽然具有市场化的特点，但是也肩负着部分政府职能。一方面，要面向市场寻求发展；另一方面为政府提供技术支撑以及安全保证。特种设备的检验检测内容，直接决定了行业职能的特殊性。

一、特种设备的检验检测概述

对于特种设备的检验检测，主要分为监督性检验检测以及定期检验检测。目前，监督检验检测贯穿于特种设备全寿命周期，包括设备设计、型式试验以及定期检验检测等。对于特种设备的检验检测，主要环节如下：①型式试验。②监督检验检测。③定期检验检测。以电梯为例，其安装以及测试环节的质量和结果如何，直接影响着电梯运行的安全性和质量。基于此，完成电梯安装作业后，要进行检验检测验收工作。除此之外，考虑到电梯具有无专人操作的特点，在后期使用的过程中，需要定期开展检验检测工作。也就是说，需要做好电梯全寿命周期的检验检测工作。

二、特种设备的检验检测要点

（一）做好检验检测前的准备工作

对特种设备的检验检测，为了保证工作的质量和效果，需要做好前期准备工作。①要做好报件、资料的审查工作。在组织检验检测工作前，对于需要上报的材料，做好核查，对特种设备，有着基本的了解。②制定检验检测方案。对于需要进行检验检测的特种设备，结合其特点，按照工作规范和标准，编制检验检测方案，保证检验检测的全面性。③做好人员安全培训工作。通过安全教育，增强人员的安全意识，提高其识别工作现场危险因素的能力，避免安全事故的发生。在特种设备检验检测前的准备工作中，负责检验检测的人员，要严格按照检验规则，做好现场安全准备情况的全面检查。检查标准如下：①受检验检测的特种设备，需要停止工作；②做好现场清理；③基于设备类型，采取可靠的方法，阻隔有毒有害介质；④开展高空作业前，还需要做好扶梯以及脚手架等的牢固性检查，保证其数量以及具体分布，能够达到工作要求。

（二）做好检验实施过程的把控

在特种设备的检验检测工作中，要推动此项工作制度化和系统化发展。明确工作关键环节，围绕主要着力点，开展特种设备的检验检测工作。具体从以下方面做好把控：

（1）执行特种设备的检验检测规范。在具体实施的过程中，检验检测人员要严格按照相关规范，开展相应的工作。目前，我国关于特种设备检验检测的法律法规具体如下：《特种设备安全法》《特种设备事故报告和调查处理规定》以及《特种设备安全监察条例》（中华人民共和国国务院令第549号）、相应的特种设备检验检测规范等。检验检测工作人员要严格遵守法律法规，做好具体的检查工作。除此之外，要遵循安全技术规范，如电梯监督检验和定期检验规则以及移动式压力容器安全技术监察规程等，做好安全检验检测的把控，避免出现安全事故，保障检验检测工作的质量和效率。

（2）合理选择检验检测方法。特种设备检验检测工作中，为了保证工作质量和效率，需要合理选择检验检测方法。目前，对于管道等特种设备，多采取专业的无损检测技术，包括超声导波技术和TOFD检测技术等。这样不仅降低了检验检测成本，而且提高了缺陷检出率。对于部分特种设备，需要使用检测仪表装置，对特种设备进行定期检测以及常规检测，进而了解设备实际运行情况，及时发现设备运行中存在的具体问题。对于球罐以及化工压力容器等特种设备的检验检测，多采取声发射检测技术。在选择检测方法时，要结合检测对象的实际情况来选择，保证检验检测的质量。

（3）做好原始记录工作。在进行特种设备检验检测的过程中，需要做好原始记录。具体包括设备设计、制造信息和安装信息等，记录检验检测发现的问题。对于检验检测内容项目的记录，主要包括检验仪器的唯一性标识以及技术参数等。对于观察结果和数据等，要在特种设备检验检测时同步完成，不可以事后补填。

（4）特殊情况的检验处理。在特种设备检验检测工作中，对于部分设备，如氨合成塔以及尿素合成塔等新型装置，由于缺少借鉴经验，甚至没有具体规范，使得检验检测工作遇到难题。对于此情况，可以应用质量管理系统，按照系统提供的检验方法，为此类特种设备检验提供参考。

（5）做好易漏检内容的把控。在实施特种设备检验检测工作时，工作人员要高度重视易漏检项目的检查，保证检验的全面性，确保检验检测结果的真实性以及有效性。

（三）出具检验检测报告

完成检验检测工作后，工作人员要按照规定，及时出具报告，交付给特种设备使用单位，由其存入技术档案。检验检测报告能够充分反映特种设备的实际情况，包括安全状况等级以及鉴定结论、需要进行整改的缺陷等。对于检验检测报告的出具，需要工作人员客观、公正地出具。对于出具的报告，要以原始记录为依据。当发现设备存在缺陷问题时，检验机构要按照规定，以意见通知书的形式，通知特种设备使用单位，督促其及时做好处理。对于使用单位没有在规定时间内完成处理工作情况以及严重事故隐患，要及时上报使用登记机关。

三、强化特种设备检验检测工作的策略

（一）推广质量管理系统

在特种设备检验检测工作中，应用质量管理系统，能够保证工作的质量，提高工作效率，保障检验检测结果的客观性以及合理性。特种设备的质量管理，是基于事实数据进行分析，获得设备分析检测结果，客观评价设备检测过程，科学反馈特种设备质量信息。在具体应用的过程中，采用系统性检验检测方法，包括无损检测技术和专业检测设备等。基于数据信息，合理选择特种设备检验检测技术手段。根据检验数据，出具检测结果。在质量管理系统的应用过程中，能够减少人为因素的影响，使用专业的检测仪器，规范化操作，进而获得准确的特种设备检验检测结果，保证检测工作质量。为了保证质量管理系统的应用效果，需要做好以下措施：①检验检测工作人员需要做好现场记录工作，根据实际记录，出具真实的检验检测报告。②定期抽查检验检测报告，及时发现问题，做好纠正。③完善奖惩制度，调动特种设备检验检测人员的工作积极性。

（二）做好特种设备检验检测人员的培训工作

为了强化特种设备检验检测工作，需要做好工作人员技能培训和安全教育工作。从当前特种设备检验检测情况来说，新技术和新设备等被广泛地应用，为检验检测工作的开展提供了技术保障。同时对工作人员的工作能力，有了更高的要求。基于此，为了能够提高工作质量，需要强化人员的培训力度。结合工作人员的业务内容，从技术和安全知识等方面入手，做好培训和教育工作，提高其综合素质，进而保证特种设备检验检测工作的质量和效率。通过提升检验检测技术水平，来提高工作的整体水平。

综上所述，若想做好特种设备的检验检测工作，需要做好工作要点的把控。从特种设备检验检测全过程入手，做好全面的把控，包括前期准备工作和具体实施等。除此之外，积极推广质量管理系统，做好特种设备检验检测人员培训工作，提升工作水平。

第六节　特种设备检验检测的安全问题

为保证特种设备的良好运行，必须进行有效的检验和检测工作，以充分保证人员的生命安全和财产安全。考虑到特种设备的相关特性，必须对其进行一定的安全管理。本节主要分析了特种设备检测过程中的相关安全问题，提出了提高特种设备检测安全管理水平的方法。

一、特种设备检验检测安全管理的意义

通过特种设备检测检验的安全管理可以使企业的经济效益得到更好的保障。当前大多数企业中的检验测试技术与专业人员的整体素质，都得到了较大程度的提高，而且企业在安全管理水平方面也得到了极为明显的提升。然而在这些提升的情况之下仍然存有一些安全生产等方面的不足，基于这种情况就需要对特种设备的安全管理工作进行一定的强化，这样可以使人民群众的生命和财产安全得到更加良好和充分的保障。特种设备在企业的日常生产过程中，能够在诸多方面带来较大的便利，然而人们却很少对其所具有的危险性给予足够的重视。如果特种设备发生事故便会对人们的生命和财产造成较为严重的危害。

二、特种设备检验检测中存在的安全问题分析

（一）客观因素

当前我国的特种设备体系已经得到了一定程度的发展，虽然在一些技术人员和管理人员的努力之下特种设备的生产与运作也都得到了较大程度的进步，然而一些安全方面的事故仍然还不可避免地发生。①由于生产、运行以及维护系统具有一定的不完善性问题造成了我国的特种设备生产质量方面存有较为严重的问题，在其运行状态不稳定的同时还缺少足够的费用来进行后期的具体维护，这种情况的出现便造成了一些较为严重的安全隐患存在。由此我国的特种设备安全工作人员就需要对安全检测技术水平进行不断的提高，并且从最大限度上降低设备发生安全隐患的可能性。②在当前科学技术水平不断提高的情况下越来越多的新型特种设备检测技术被投入市场之中，虽然当前我国的一些特种设备安全检测技术也得到了不断地进步与更新，然而相比于一些发达国家仍然存有较大程度的不足。基于这种情况我国对于特种设备的安全检测技术就需要进行不断的更新与有效的改进。

（二）主观因素

检测人员的安全意识不足。特种设备检验具有一定的危险性特点，基于这种情况就对检验人员的总体素质提出了较高的要求。作为特种设备的检查人员必须具有较强的安全意识和较高的业务素养。如果在具体的检测过程中暴露出安全意识不足或者工作态度不够端正的问题便极有可能造成一些较为严重的事故发生。另外，如果相关的检测人员对于特种设备中所存在的危险性缺乏清醒认识的话又会在实际检测的过程中只能凭借自身的感觉来进行操作，而这也就无可避免地为日后特种设备的使用埋下一定的安全隐患。而且一些检测行为存有一定的不规范问题也是造成安全问题发生的主要原因之一。在当前我国已经具有了针对特种设备检验方面的专门法律，基于这种情况就需要在具体的检测过程中依照相关的标准来进行操作。

三、对特种设备检验检测安全管理策略

（一）创新检验检测技术

由于特种设备的不断发展，特种设备更新换代的速度越来越快，其检验检测技术也必须不断创新，才能适应特种设备的发展需求。如实施漏磁检测技术时，对于设备的防腐层可不用去除，而是直接利用无损检测，使设备检测的成本降低，检测效率提升。又如一些大型储罐底板腐蚀可以采用声发射在线检测技术进行检测。为了检测金属体的腐蚀状态，可以使用脉冲涡流检测技术，并且可以通过便携式光谱仪检测特殊设备的金属成分检测，对于厚壁以及不规则区域的检测可利用TOFD检测技术及超声相控阵检测技术。爬壁机器人自动测厚技术、超声导波技术等可推广应用于特种设备的检验检测工作中。

（二）健全特种设备的安全检测制度

完善特种设备的安全检测制度，合理规范特种设备的检测周期、检测技术措施、检测标准等，为安全检测提供制度保障。首先，应制订合理的检验工作计划，确定各类特种设备的检测时间，并事先向用户发出检测通知。其次，制定标准化检验程序和工作指令，审查设备运行性能指标，设备操作人员操作水平，设备使用寿命。最后，如果检查过程中存在隐患，及时查找原因，将结果反馈给客户，并要求客户及时消除安全隐患。

（三）提高安全意识

培养具有较强安全意识和较高专业素质的专业设备检测专业队伍，是提高特种设备检测安全管理水平的基础。为确保其适应工作岗位，应定期组织安全培训，使检查人员更多地了解国家制定的特种设备检验法律法规，并结合具体案例向检查人员说明安全事

故的原因，促使检查人员定期反思自己在工作中的不足，杜绝非法操作，使检验人员充分认识到特种设备安全的重要性。此外，建立健全的评估体系，确保检查人员在检查和检测过程中始终坚持"预防为主，安全第一"的原则。提高特种设备安全性能的检测能力，同时注重保护自身安全，提高检测的标准化和安全性。

（四）加大资金投入，提高检测设备的先进性

检测设备的先进性是确保检验检测安全性的重要保障。如果具备先进的检验检测设备，特种设备检测人员可不必置身于相对危险的环境中，检测的效率也将大大提升。同时也能实现对设备缺陷的正确识别，有效防止安全事故的出现。因此，特种设备检测机构应加大资金投入，购置先进的检测设备，为检测工作的顺利开展提供设备支持。购置新的检测设备应注意考虑所需检测特种设备的种类，提高检测设备的科学性。同时做好设备的维护和保养工作，做好检验检测仪器仪表的入库管理、仪器的存档管理、仪器的保存、使用管理、返库管理等，定期对检测仪器进行校验，如果发现设备故障，及时排查和处理，以免影响检验结果。

（五）严格按照相应规范进行检测

检验人员在对特种设备进行检测时，应严格按照相应的安全操作规程进行检测。如果要检查的特种设备很大，应根据设备的安装特点制订合理的检验计划，科学检测设备的各个部分，不能没有顺序地随机检测，这种不精确的检测可能会导致检测不全面，这可能导致安全事故。同时，检测人员在检测过程中应注意自身安全，可以检测用户授权的检测范围，但不能任意检测未授权范围。

虽然在当前我国的特种设备检验安全问题在整体水平方面起伏不大，然而在对其进行实际工作的过程中，仍然相对存有着较多的问题，基于这种情况为了更好地对其中的安全事故进行避免，就需要特别重视特种设备的监测工作。与此同时还需要保证相关的检验检测人员具有较强的业务能力与专业素养，严格按照相关的要求来对设备进行检验和检测，进而使特种设备运行过程中的安全性得到更好的保障，避免一些事故的发生为社会和群众带来较为严重的影响。

第三章 特种设备的检测方法

第一节 特种设备无损检测抽查方法

特种设备的检测是相当严格的，因为有些特种设备要在比较恶劣的环境中工作，对于高温、低温、易燃、易爆以及各种腐蚀性介质的危害的承受能力是特种设备所必需的，此外还有一些容器的特殊设备存放极易泄漏或者爆炸引起各种中毒事件或者火灾等事故要进行严格的检测，以免对人民的生命财产安全造成严重的影响。而特殊设备进行安全检测能够及时发现设备存在的问题、缺陷，以尽快修复，确保特种设备能够安全工作。本节重点介绍了五种常用的检测方式并进行分析。

为了确保特种设备运行的正常，需要对其进行检测及时发现问题所在，以保障特种设备的运行工作效率，而一般的检测方式主要是进行无损检测。虽然无损检测能够在对设备没有破坏的前提下达到检测的目的，但是无损检测不是盲目地随意地进行检测，其会受到很多因素的影响，造成检测结果存在误差，可靠性下降。如此才能达到检测的效果，及时发现设备运行产生的各种微孔、腐蚀、磨损等，判断设备的优劣，确保设备运行的安全。

一、无损检测方式的选择

不同的特种设备要采用不同的检测方式，由于不同的检测方法其检测范围不同，检测结果的可靠性就更加差了，由于检测本身的能力有限，因此有些缺陷可能检测不出来，因此必须根据实际的特种设备而选择适合的检测方法。例如对于特种设备可能产生缺陷的部位、性状、类型进行分析，进而选择适当的检测方法和检测规范。对于特种设备的检测要做到定期检测，选择适宜的检测方式就要做好以下的工作：①对于特种设备要特别熟悉，如温度、压力、疲劳情况、介质等。②在特种设备检测之前要对其历次检验报告、制造时的检测和返修情况，采用焊接、制造的工艺等进行查验。③检测人员应对每种不同的制造方式会带来的缺陷进行充分了解。④对于检测部位要充分运用无损检测方法的实用性，来保障其能够充分地利用无损检测的优势来进行检验。此外，安全性、经济性也是考虑的因素之一，这样才能选出安全、高效、方便的检测方式。

二、特种设备无损检测技术措施

无损检测没有破坏性，设备检测完毕合格后还能继续工作，而破坏性的检测方式一般应用于未出厂的设备，检测完毕后要进行重新加工制造，因此实施特种设备的无损检测措施具有重要的意义。

特种设备的无损检测技术较多，有射线检测、超声波检测、磁粉检测、渗透检测以及涡流检测技术等，这些检测方式各有各的优势和检测特点，只有对检测手段有更加好的了解才能采取有效的检测手段，确保特种设备的运行安全。

（一）射线检测

一般射线检测都应用有一定的壁厚的压力容器的检测中，利用各种射线的穿透性来发现压力容器中存在的缺陷。如 X 射线、γ射线等，在设备中会有衰减程度，来检测其缺陷，射线能够穿透检测部位，根据射线的衰减情况，可以对多个部位进行检测。射线检测能够及时发现设备的缺陷，包括设备中有气孔、夹渣、裂缝等缺陷。对于一些特殊管道焊接后质量的检查，可以利用射线探伤的方式加上影像设备将检测过程记录，然后进行分析诊断缺陷。射线检测不但能够检查缺陷所在，还能检测缺陷部位的直观图像，能够长期保存。但是由于射线所需的检测设备较为特殊，因此费用比较昂贵，而且操作麻烦，并且在检测时需要适合的角度，不同的角度会对监测结果加大影响，对于裂纹等缺陷也会出现漏检的现象。

（二）超声波检测技术

超声波检测的方式能够用于一些壁厚的特种设备，由于超声波在不同的介质中传播形成的波形不同，通过记录其在设备中产生的波形，从而分析设备是否有损坏，发现缺陷的部位。超声波具有较强的穿透性，因此对于裂纹、夹层的检测具有天生的优势，而且超声波检测设备相对小巧轻便。但是超声波检测对于设备本身有较高的要求，特别是形状不能过于复杂，而且设备的光洁度较强，对于检测分析人员的专业要求和操作要求都非常高。

（三）渗透检测技术

毛细作用是渗透检测技术的原理，在设备上涂上带有颜色或者荧光的染料，利用最后这些染料在设备表面显示出的痕迹来确定缺陷的位置，从而达到无损检测的效果。利用渗透检测技术的成本较为低廉，操作简单，适用于大型的工件和形状不规则的，结果也比较直观。但是渗透检测只适用于检测表面缺陷，对于那些埋藏在内部的缺陷往往没有办法进行检测，存在一定的局限性。

（四）磁粉检测技术

磁粉检测技术是利用金属被磁化后，在缺陷部位会有漏磁的现象，如此就能够检测到缺陷的部位。利用不同颜色的磁粉能够明显地表现出漏磁的状态，如利用红色，或者荧光的磁粉检测成品或者半成品，能够及时检测出缺陷所在，在出厂之前能够及时对设备进行整改，解决问题。这个方法能比较直观地显示出缺陷的位置、形状和大小，灵敏度高，操作简单，费用低。但是这种方式的缺点就是只适用于某些铁磁性材料如铁、钴、镍等，对于非磁性材料就没有办法进行检测了。

（五）涡流检测技术

利用涡轮的原理，根据电磁感应，使线圈激发而就在检测设备上产生涡流现象，进而判断其缺陷所在，这个方法能够对压力容器上存在的一些微孔进行检测，从而判断设备是否达标。

三、无损检测的工艺控制

对于具有无损检测相关机制的机构或者企业自身应有一套完善的无损检测的工艺文件，这些文件能够起到技术指导、保证品质、提高效率等作用，这些工艺规定应符合相关的法律法规、国家行业标准、规范和技术的本身要求。此外对于检测人员应该具有相应的检测资质的编制人员，确保能够在检测过程中能够良好的实施检测工艺文件的品质。在检测过程中应严格按照检测工艺的要求进行，并且对于检测中可能会出现的偏差或误差要降到最低，对于其他的影响因素要及时排除。检测报告应该尽量记录详细的信息，确保能够为下次检测提供参考，而对于问题要及时处理。

特种设备的无损检测涉及的工作非常多，而且其影响因素也比较多，对于特种设备的无损检测首先应依据影响因素选择合适的检测方式，其次对于检测过程要有一套完善的检测工艺文件，最后要及时处理发现的问题，确保设备安全。

第二节　特种设备金属磁记忆检测方法

承压类设备构件中应力集中的分析，一直都是无损检测的难点。金属磁记忆检测技术以其可靠性和稳定性，居于无损检测技术的重要地位。在特种设备微观、宏观缺陷的检测中，是一种重要的检测手段。本节阐述金属磁记忆的基本原理，并在工程实践中加以实践。

随着国民经济的快速发展，工业生产中越来越多的应用特种设备。所谓的特种设备是指压力容器、锅炉、电梯、管道以及大型工程设备等各种危险性大涉及生命安全的承压类设备。在这些大型结构中，不论是焊接、铸造、锻造还是机械加工，总是会在结构内会形成缺陷，造成应力集中。大量数据表明，结构的损坏失效都是发生在机械应力集中的位置。内应力与其加工技术（焊接、机械加工、热处理、锻造等）息息相关。虽然已经意识到对特种设备进行全面安全检查的需要，但实际上，需要大量时间和人力来完成任务。因此，传统的无损检测方法（超声波、X射线、磁检测等）由于其操作复杂，如表面测量和人工磁化的检测需要对其表面清洗。由于传感器的自身结构的不足，严重影响了大型设备和大跨度结构检测。在本节中，应用了一种新型的金属磁记忆无损检测技术。该方法不需要处理被测物体的表面，广泛地应用于各种特种设备的应力检测和检测速度非常快。

一、金属磁的记忆原理及特点

（一）金属磁的记忆原理

金属磁记忆检测方法的应用是基于铁磁部件在工作条件下的磁记忆效应。当在铁磁场环境中外部负载发生变化时，产生磁畴取向具有磁致伸缩特性和在应力集中区的不可逆重新定向，使铁磁部件磁导率逐渐降低达到最小，在金属表面上形成涡流，产生漏磁场。漏磁场强度的切向分量的具有最大值和法线分量改变符号，并且具有零值。在移除工作负载之后，磁性状态的不可逆变化的情况下保持原有状态，并且记录下应力集中的位置，这称为磁记忆效应。

（二）金属磁的记忆特点

在工业生产中，广泛使用的常规NDT方法是：X射线测试、超声波测试、磁检测、涡流测试和 γ 穿透测试，其中每一种都有使用限制条件，并且只能检测宏观缺陷，以检测材料隐性不连续区域（应力集中）存在限制。金属磁记忆检测技术不仅可以发现宏观缺陷，还可以用于指示应力集中的位置，有无宏观缺陷，因此具有预警能力。

金属磁记忆检测技术的主要技术特点有以下几个方面。

第一，它是铁磁部件检测应力集中最安全可靠的检测方法，非接触式和无损伤性。

第二，在特殊磁性装置中不需要使用磁场，并且通过在工件的制造和使用期间形成的自泄漏磁场来实现铁磁部件的快速检测。这是第二次利用自身结构传输信息的方式。

第三，不需要清洁抛光或以其他方式处理的待检测工件的表面。降低劳动强度，提高检测效率。

第四，设备便携，易于操作，灵敏度好，重复性和可靠性高。

二、金属磁记忆检测中应力集中区信号的识别

（一）金属磁记忆检测准则

金属磁记忆方法的基本原理是在地磁场的环境下记录金属设备的磁场。基于铁磁性的基本理论，可以很好地解释漏磁场的原因。由于金属结构的不均匀性，在地磁场中，在外部应力集中将产生集中的高应力能量，降低材料的疲劳极限。根据原子最低能态原理，材料分子结构的最稳定状态是产生畴壁错位，主要是增加磁弹性能量的形式，以抵消应力集中。在增加总自由能不变的形式下，可以使应力集中产生的应力能量趋势最小，这是比铁磁部件中磁场强度更高于地球磁场强度的泄漏磁场强。由于金属的各种内耗效应的存在，消除金属后动态应力集中区载荷得以保持。

（二）金属磁记忆信号处理

在磁记忆测试中，通过傅里叶变换分析，信号能量主要分布在低频范围内，高次谐波表现为噪声干扰。磁记忆信号频谱相当宽属于随机信号，准确地来说频率不确定，所以说傅里叶变换分析只能对磁记忆信号时域的性质进行研究，小波变换分析拓宽了这一思路，把磁记忆信号从时域转到频域。磁记忆信号激励主要包含尖脉冲噪声和白噪声，应用小波变换的方式在不同的时间尺度下研究磁记忆信号的幅频特性。

从金属磁记忆的工程实验和机理来看，应力集中区域或微损伤突变常常表现为局部奇异性和区域中的不规则磁性磁记忆信号（最大），在这些特殊位置往往具有更重要的信息。频谱在去噪之后从低频信号中检测到，也可能被丢失，因为一些故障特征信号被过滤掉，也可能是被漏检。基于磁存储器信号的奇点理论基础，从检测低频和高频信号来实现应力集中，这是从时域和频域对磁记忆信号的奇异传播特性来检测，确定应力区域的位置和其特性。

三、金属磁记忆检测技术在工程实践中的应用

热处理的目的是消除焊接残余应力并提高接头的性能。金属磁记忆检测技术是确定设备的应力分布，然后通过应力分布图分析计算得出应力极大值点，确定该区域。所以，检测过后的对接焊焊缝应力明显降低，对热处理前后的检测结果进行比较，得到准确详尽的数据资料，可以对整个工艺过程进行优化和评价。数据表明，亚稳态的奥氏体不锈

钢经过强烈的塑性变形之后，晶相发生变化，产生的马氏体具有磁效应。这使得金属磁记忆检测方法得以在不锈钢结构上应用。

（一）金属磁记忆检测技术在碳钢结构上的应用

焊接是制造工件的重要的工艺过程，但是在焊接过程中产生的高温，造成了区域温度分布不均造成材料的热胀冷缩不均匀，焊接残余应力无法全部被释放出来。由于焊接残余应力的影响，加速了材料的疲劳损伤，导致材料产生脆性断裂，加速材料的磨损，诱导材料的腐蚀产生蠕变等许多不良现象。消除焊接的残余应力成为提高焊接质量的关键因素，现在普遍的采用热处理的方式消除焊接的残余应力，在高温的条件下实现焊接残余应力的释放，而且热处理还能较好地提高焊接接头的机械性能。大型设备的装配大都是在现场进行，因而限制了热处理的应用。通过金属磁记忆检测技术对现场装配过程的焊接残余应力检测，随时调节过程中的工艺参数，因此能达到较高的施工质量，最终工程的质量与现场诸多的不确定因素相关，影响对特种设备的安全风险的评估。

（二）金属磁记忆技术在不锈钢结构上的应用

金属磁记忆检测技术是通过检测铁磁部件表面的漏磁场强度来确定工件的应力集中或潜在危险区域。生产特种设备尤其是耐腐蚀性容器和压力容器的材料大都是不锈钢，不锈钢材料不是铁磁材料。最新的研究表明，亚稳态的奥氏体不锈钢经过剧烈塑性变形，晶相产生位错，位错堆将发展成马氏体结构的微团簇。马氏体具有强烈的磁效应，基于此在不锈钢焊缝的检测中应用金属磁记忆检测技术是可行的。

金属磁记忆检测技术可以快速地对铁磁部件的应力集中位置进行检测，准确有效地检测焊缝宏观缺陷，异常信号检测范围基本上覆盖了传统的检测方法。金属磁记忆检测技术自问世以来，以其可靠性和稳定性受到工程人士和专家学者的青睐，但是并非所有的现象都能找到有力的理论支持，需要专家学者进一步的研究发展金属磁记忆理论，金属磁记忆检测技术需要进一步讨论和研究。虽然本节提出了金属磁记忆检测技术的基本内容，但仍有许多问题需要进一步研究，需要在实践中进行测试。

第三节 特种设备检验检测领域标准化的方法

随着科学技术的发展，我国的信息技术有了很大进展，信息技术已渗透到各行各业，特种设备检验检测领域也不例外。标准化与信息化同行成为必然。标准化工作的深入离不开信息化的支撑作用，标准化是信息化发展的基石。

物联网技术就是在大数据信息时代之下产生的，同时也是我国信息时代全面到来的重要标志。现阶段，将物联网行业与特种设备检验检测系统的运作进行结合可以有效起到提升系统整体运行效率的作用。并且，物联网技术在全球有广泛的应用，随着我国物流行业的快速发展，物联网技术在我国的应用范围正呈现出逐渐扩大的趋势，并且取得了较为理想的应用效果，使得物之间的交流以及传递更加快速高效。特种设备主要是指与人们生命安全息息相关的、具有较高危险性的特殊设备，如锅炉、电梯、客运索道、游乐设施、压力管道以及起重机械等等。

一、特种设备检验检测安全管理的重要性

在我们的日常生活中，特种设备随处可见。并且，随着我国科学技术水平的不断进步，特种设备的种类更为丰富，开始被应用于各行各业。但是，特种设备作为体积较大的压力容器，其危险性较高，由这类设备引发的安全事故依旧频频发生，因此，为了减少由特种设备导致的事故，提高其安全性，企业应对这类设备进行安全管理检测。所以，为了完成企业的生产目标，保证企业的安全效益，生产企业必须将对特种设备的检验检测作为日常工作中的必要环节，不断提升企业安管标准，为企业营造更科学、安全的工作环境。

二、在特种设备检验检测领域标准化与信息化

（1）四平台一标准，严把基础建设关。项目具有一大平台四大模块五大功能：一大平台是特种设备数据服务平台；四大模块包括监督模块、监督检查模块、管理模块、发卡模块；五大功能即业务快捷办理功能、用户自助管理功能、监察数据更新功能、检验进度查询功能、数据分析统计功能。项目的研发重点是开创一种新的快捷业务办理受理模式，提供特种设备数据管理的服务平台，提高监察部门、检验部门、使用单位三方工作效率。项目具有良好的兼容性和扩展性，确保研发出的特种设备数据服务平台功能广泛应用到特种设备检验检测领域。《基于 FR/QR 的特种设备数据移动互联网应用服务平台研发》，是以客户切身需求为导向，应用 AI、云计算、大数据等热门技术融合成项目的研发主流，运用 FRT 人脸识别、OCR 图片识别、CA 认证等先进技术，通过移动通信网络创建移动互联网应用的特种设备数据服务平台，主要在手机终端为客户实现特种设备全生命周期管理，给客户带来"零距离、全覆盖"一站式服务体验，包括设备报检、报告查询、防伪验证、设备管理、电子报告在线领取等业务。不用繁复的手动输入，借助云平台即可形成数据提取分析，实现数据采集、参数计算、特征提取的自动化与智能化。在智能手机 AI 时代下，用一部智能手机选择按下一步即可完成设备全生命周期管

理，促进行业科技进步与服务创新。《基于"互联网+电子认证"技术的检验检测报告服务平台研发》，采用国际通用的 CA 认证技术、"互联网+电子认证"两项技术，基于电子签章系统和电子认证安全应用云平台为依托，应用第三方认证的方式为企业搭建技术服务系统，通过整合检验检测机构数据库资源，打破传统模式下受检单位获知信息滞后、报告真伪难辨等问题，及时推送电子检验检测报告证书，自行查验报告证书真伪，提高使用者的工作和管理效率，实现行业信息化发展，打造一个"互联网+电子认证"政府公共服务平台。项目通过电子签名、签章等安全应用服务实现电子报告证书的唯一合法性验证；以网络手段实现电子报告证书在线快速送达；运用 PC 端、移动端查验核实电子报告证书真伪；使用开放跨平台接口技术让各行各业按需直接调用。

（2）优化设备配置，提升检测能力。一方面，企业应针对自身情况，配备科学的监测仪器，选用适合企业使用的现代化检测设备，将大大提升特种设备检验检测的准确性。另一方面，为了不断提高企业的核心竞争力，除了配备先进的现代化设备，也离不开专业素质过硬的人才协助，特种设备的内部构造越来越复杂，对工作人员的技能要求也越来越高，现代化科技人才应与时俱进，随时掌握市场上最新特种设备的性能及特点检验检测步骤。相关企业负责人应对工作人员的技能要求予以重视，并定期进行职业素质教育，不断加强内部管理。

（3）破除检验逐利机制。当前，特种设备检验工作以行业内公益性事业单位承担为主，大部分采用行政事业性收费，小部分采用经营服务性收费，收费标准都由政府或自行公布。在某些设备领域收费过高或收费不合理，也成为企业和社会关注的问题。在检验公益属性的定位下，应当体现事业单位提供公益服务的基本定位，破除公益事业单位的逐利倾向，主动引导收费标准的合理化，以更好地服务于经济发展。

（4）加强信用体系建设。"人机矛盾"一直是行业内在选择供给模式时困惑和纠结的关键问题。例如，我国现有气瓶 1.64 亿只，如果全部由政府和事业单位承担相关检验工作，虽然可以收取一定检验费用，但需要的检验人员和经费支出还是巨大的社会成本。因此，除了线性的扩大检验规模，更需要技术创新和制度创新。从制度创新来看，解决问题的关键在于建立和完善信用体系，通过信用自我约束，促使企业自觉履行主体责任，减少检验项目和检验成本。

综上所述，随着现阶段我国科技水平的不断提升，物联网系统的发展步伐在不断加快，同时也在很大程度上满足了现阶段社会发展的需要。但是在一些领域尚不够普及，并且在实际应用的过程中还存在一定的问题，如在供应链的安排上以及隐私问题的保护上还存在着一定的问题，各领域在对物联网技术进行应用的时候应该充分重视起这些问题。

第四章　特种设备管理概述

第一节　特种设备管理的现状

现如今，国内群众的生活品质有了很大的提升，因此对于安全方面也变得越加注重。特种设施作为与生活及生产有着紧密联系的内容，也得到了更多的关注，如若其安全得不到保证，那么就会给个人或者企业形成非常大的损失，同时也会给社会带来比较大的干扰。因此，通过对其做出全面的管控，确保其安全程度，是十分必要的。

一、确保特种设施安全性能的关键意义

特种设施目前已经与人们的生产生活高度融合，已成为一项无法脱离的内容。特别是在企业之中，拥有数量非常多的此类设施，这在增强企业生产能力的同时，也给企业形成了非常大的压力。一旦出现故障，就会严重地降低企业的产品品质，如若出现较为严重的问题，甚至会对原本良好运行的企业造成非常大的损害。

当前，在工业行业之中，例如钢铁企业、石化企业等都使用了大量的特种设施，可见要想让企业更好的运行，就需要注重对特种设施的管控。但是，部分企业依旧对其关注程度不够，如此便使得在设施发生问题后，不能够很快处理，这也成为当前制约其进步的要素之一。

二、特种设施管控的现状探析

（一）短期治理的问题

对于国内的特种设施管控现状来说，很多时候都只是处理了眼前的问题，并没有为其做出长远的计划。当特种设施在比较长的一段时间内没有出现问题时，部分企业以及管控人员就会产生一种放松感，从而使得管控条例慢慢地不能落到实处，致使一些安全隐患的显现。

当事故发生后，部分企业也只是去针对问题实行补救，不去衡量其带来的连锁后果，

如此一来尽管问题得到了处理，但是这也只是短期的治理手段。因此，企业应该革新固有的设施管控观念，预防出现"手疼就治手，牙疼就治牙"的短见意识，应该从全面的角度去对特种设施实行管控。

（二）人员的问题

首先，国内需要使用特种设施的企业数量比较多，因此其管理者的能力也不尽相同，如若是管理者只注重经济收益，对于特种设施的管控工作不够关注，那么就会使得企业在对其采买时只是重视价格，继而使得其无法达到相关的规范，这样就会使得设施无法在有关部门登记。

其次，管控人员人数不足也是一个比较明显的问题，由于当前企业所投入使用的特种设施数量越来越多，这样便使得管控工作变得越加困难，即便是拥有健全的管控条例，依旧没有足够的人员将其执行到位，这就会使设施的管控工作十分混乱，例如早已经在安全检测期限外的设施依旧被投入使用，或者在设施引入后并没有遵循相关规范去有关部门做出报备等。

最后，目前很多企业生产的产品都是季节性的，因此在用工上会使用人数众多的临时操纵人员，这对于企业的成本把控工作起到了非常关键的作用，但是对于特种设施的管控来说，就形成了特别大的隐患。由于特种设施通常都比较危险，一旦出现操纵错误，就可能会出现比较大的损害，部分企业的临时工人并没有被细致的培训，因此企业没有上岗证，这也显著地增多了设施出现问题的概率，从而增加了设施管控的困难程度。

（三）没有对特种设施实行定期的检验

我国对于特种设施的安全已经非常注重，也制定了相关规范，其中要求其必须接受定时的检验。但是部分企业对其依旧不关注，不能够按时将特种设施送检。

通过对固有的相关安全问题探析后，可以察觉到安全阀门的超期情况十分明显，这也是现阶段特种设施管控工作中的一个主要问题。

（四）设施问题

伴随越来越多的特种设施被投入到使用中，管控工作的难度也开始增多。现如今，各项特种设施的形式不一，新旧程度也有着比较大的差别，同时所处的位置也非常多，例如蒸汽管路，有的是架设在空中，还有的是埋在地底下，由于这类设施自身问题，也会使得对其管控的不到位，如此便为其留下了比较大的隐患。

三、特种设施未来进步策略研究

（一）建立起信息化的管控模式

目前，国内的科技已经有了比较大的进步，因此特种设施管控工作也应该利用其优势，从而建立起信息化的管控模式。有关部门应该将计算机网络技术作为根基，并依据管控工作的需求，创建出一套特种设施管控平台，在此平台中需要详细地记录各项数据，继而才可以提升对其管控的品质。

（二）企业应该做好相关的预案制订工作

对于企业来说，绝对不能因为特种设施的长期稳定运行，就放松对其的管控工作。因此，应该从全面的角度出发，制订出健全的预案，从而才可以更好地杜绝设施短期治理问题。预案应该由企业领导者来引导编写，待到结束后还应该送至有关部门审查并报备，然后才可以在企业内部落实，即便是特种设施没有出现安全相关的问题，管控人员也应该定时的组织全部员工做出预演，这样不但可以提升相关人员对于特种设施的安全管控观念，等到事故真正到来时，才能够不慌不乱地对其做出处理，从而将其危害性降至最低。唯有如此才可以让特种设施管控工作长期良好的运行。

（三）及时学习最新的规范

伴随国家对特种设施管控工作更加重视，有关部门也会不定时的对相关管控的规范做出更新，因此各个地区的特种设施检测机构都应该提升自身的意识，引导相关企业对最新的规范做出及时的学习，同时还应创建起优质的沟通制度，从而确保企业能够按时对各项特种设施做出检测。另外，企业内部的管控人员也应该增强自身的责任意识，建立起特种设施检测的台账，以预防缺检、漏检的状况发生。

（四）提升相关人员的重视程度

企业的管理者应该对特种设施管控工作有着足够的重视，同时应该起到带头作用，如此才可以让企业内部的各级人员都明晰其重要性，特别是在设施的采买工作上，应该依据国家相关规范制定出一定的要求，对于与要求不符的设施应该坚决拒绝引进。

应该增加特种设施管控人员的数量，这对于提升管控的品质有着非常重要的作用。同时还应该注重对管控人员技能素养的培养工作，例如可以与高校取得联系，从而寻找一些特种设施相关专家来到企业做讲座，从而让管控人员更好地理解特种设施的理论，如此便可以增强设施的安全管控力度，同时还能够提升管控人员的责任观念。

对于操纵人员也应该做出培训，无论是临时性的工人，还是长期的工人，都应该确保其获取相关证件后，才可以对特种设施实行操纵。这样便可以从根基上帮助管控工作落到实处。

（五）重视特种设施的养护管控

特种设施与其他设施有着显著的差别，前者的内部构造更为繁杂，因此除了遵循相关规范对其定时检测外，实时的养护也是其管控工作的重要内容。鉴于此，企业应该制定出健全的养护管控条例，并寻找拥有资质的养护机构对其做出养护，另外还应该关注日常的检查。操纵人员在进入岗位之后，首先应该对其外部形态做出观察，从而确保其没有跑水、漏气等状况发生，这样才可以让特种设施管控工作在日后更加良好的进步。

总而言之，尽管当前对于特种设施的管控工作已经非常注重，但是对其现状探析后，可以察觉到其依旧存诸多问题，如想要让其管控工作的品质得到提升，就需要相关人员对其足够关注，继而才能够妥善地对这些问题做出处理。因此，上文对其现状做出研究，并得出其未来前进的主要方向，以供参考。

第二节　特种设备的现场管理

在特种设备运行过程中，一般都会带有一定的风险性，其风险系数与特种设备种类有关，但不管是哪种特种设备，一旦出现不可控事故，都会对企业和个人造成很大的影响。在近几年的发展中，我国加大了对特种设备的现场管理力度，对相关特种设备也做了一定的规范化要求。作为特种设备的生产单位，在生产特种设备的时候，要根据国家提出的制造要求做出合理的调控，加强对现场设备的施工管理，提高设备运行的稳定性。特种设备基本处于一个长期运行的状态，这就会使得企业和个人容易忽略设备运行的安全情况，导致一些事故的发生。为了避免事故的发生，保障人们的生命安全，在应用特种设备的时候，企业要做好各个环节的管控工作，以设备安全管理为重点，建立健全相关管理制度，将相关制度落实到位，最大化保障特种设备运行的稳定性。

一、现场管理人员监督

从特种设备的现场管理情况来看，我国特种设备的管理还存在一定的局限性，最为直观的就是体现在人员方面。从某种程度上来说，设备管理与人员管理之间有着密切的联系，所以企业在设备管理过程中要加强对人员的管理，从各个环节入手，不管是企业层面还是施工现场，都要将相关安全措施落实到位，不要片面化处理问题，要脚踏实地，一步一步做好相关安全管理工作。

（一）现场管理人员的配备

特种设备的管理是一个综合性的过程，需要消耗一定的时间，在这期间，企业至少需要配备一名专业的现场管理人员，主要负责设备运行过程中的安全管理工作。当特种设备需要运行的时候，要有专门的现场管理人员看守，对设备进行全面的监控。在对特种设备施工过程中，施工现场都要有相关人员到场，负责设备的安全工作，对现场设备运行进行合理的调控，特种设备不同于其他设备，涉及的可操作性比较强，专业性也比较高，对现场管理人员的总体要求更高，这就需要现场管理人员取得相关资格证书才能持证上岗。

（二）加强安全思想培训

从企业的角度来说，特种设备的安全管理更多的就是对人员的安全管理，只要做好了人员安全管理工作，特种设备的安全管理基本可以保持稳定。企业要定期对相关人员开展培训工作，提高他们的专业技能水平，保证管理人员的综合能力符合设备管理要求。管理人员在岗期间，需要注意一些细节方面的问题，合理调控每个管理环节的对接关系，企业安全负责人需要对管理人员进行系统性的考核，以考核的方式判定管理人员的综合水平，考核不达标人员重新培训或者调换岗位。对人员的要求严格更多的是对设备管理的严格，注重对人员安全意识的培训，保证生产过程中操作人员能够对设备进行全面的检查。

（三）落实安全运行管理制度

安全运行管理制度是我国的一项基本制度，它贯穿了整个设备运行过程，针对特种设备的运行，在具体的运行过程中，需要将安全运行管理制度落到实处，以责任分化的方式进行管理。

不同运行阶段负责的人员不同，其责任范围也有所区别，要确定好每个人员的职责和义务，督促他们做好自己的本职工作，这样也可以避免事故出现后无法追责的情况，最大限度提高了安全管理效率。在现场管理中，我们可以构建一个层级性的责任管理制度，确保特种设备安全管理工作能够层层推进。在人员方面，要落实安全责任制度，从每一件小事做起，确保设备能够稳定生产。

二、特种设备操作人员

为了进一步加强设备管理力度，提高设备操作人员的安全意识，我国针对特种设备的运行做出了相关说明，侧重于设备操作人员管理方面，较为详细地述说了作业人员在生产过程中应该履行的职责和义务，企业不仅要做好人员的思想工作，还要落实现场安全管理工作。

（一）操作人员持证上岗

基于特种设备的特殊性，我国在多年前就对特种设备做出了相关要求，要想操作设备，相关作业人员必须参加相应的考试，考试合格才能获得从业资格，证书下发后方可持证上岗。在作业人员操作设备期间，必须随身携带相关资格证书、证件，作业人员身上要有上岗证，且设备操作期间不准随意更换操作人员。特种设备对操作人员的要求是比较高的，如果非要更换，必须取得相关证书，培训合格后才能上岗作业。如果相关证件丢失，需要挂失补办，补办的证件到手后且证件齐全才能继续作业。

（二）注重岗前安全培训

特种设备人员要有极高的综合能力水平，安全意识必须到位，设备操作人员上岗之前，都要经过三级安全培训教育，这个培训主要是针对人员的安全意识进行一个有效的强化，在培训过程中，相关培训人员不得随意请假，且在培训完成后，需要进行结课考试，考查培训人员的安全意识是否符合操作标准。考试不合格的人员不能私自上岗，培训过程中主要讲的就是安全生产方面的知识，还有就是具体救援事故的演练，当发生安全事故的时候应该怎么处理，让操作人员心里有个大概的了解，对于培训中表现比较好的人员，需要进行鼓励，促进人员的积极性。

（三）做好设备运行记录

要想使特种设备能够稳定运行，相关管理人员就需要对设备的具体情况有一个全面的了解，掌握设备的运行情况，做好设备日常运行记录工作，从每一个小的方面入手，整理好相关数据。记录的设备数据包括设备日常维修次数、加油次数、温度变化情况等，这些数据都需要如实记录，不能虚报数据。记录的数据是后期预防安全事故发生的重要参考，在设备运行过程中，要做好日常维护保养工作，如果设备运行期间存在异常情况，需要及时报备然后采取合理的解决措施。

三、施工场地安全防护

特种设备运行过程中都伴有一定的风险性，设备一旦出现事故，产生的损失是无法估量的。除了管理方面的措施，还需要进一步加强施工场地的安全防护力度，场地的安全防护需要综合考虑各个方面的影响因素，场地防护更需要结合周围的环境进行考虑。

（一）做好施工现场的"三通一平"

施工现场的"三通一平"具体是指水通、路通、电通和场地平整，因为特种设备的运行是一个持续性的过程，只有保证运行环境的稳定性，才能使设备长期处于一个平衡的状态，降低事故发生的概率。要想做好施工场地的"三通一平"并不是一件容易的事情，更需要相关人员协调好每个环节的对接关系，积极开展防护工作，满足"三通一平"条件后，就算有事故发生，作业人员也可以迅速利用机械设备控制事故现场，将事故损失降至最低。

（二）完善现场安全的防护措施

特种设备涉及的内容比较多，包含的范围比较广，危险系数比较高，且事故发生造成的破坏性比较大，因此，做好特种设备现场安全防护工作是非常有必要的。现场安全防护是一个综合性的过程，要考虑各个环节的连接关系。可以在特定特种机车场内设置防撞墩和防撞墙。在压力管道、压力容器周围设置防冲击墙和防爆门，以合适的方式将特种设备出现事故的损失降至最低。

四、注重特种设备安全资金投入

在企业正常生产活动中，需要注重对特种设备的安全资金投入，这些投入包括安全警示标志牌、防护用具、现场消防措施、监控照明、人员培训和体检，因为特种设备处于一个长期运行的状态，所以我们还要定期对设备进行维护保养，这些也需要一定的资金投入。针对特种设备安全资金的投入，需要合理协调好各个环节的对接工作，以可视化的方式进行分析，选择科学合理的安全资金投入比例，确保安全防护设施能够不断优化完善。

特种设备的安全风险比较大，在生产过程中，企业要做好多个方面的协调工作，提高管理人员的安全防护意识，不仅要加强对施工现场的管理，更要将这种安全责任理念融入每个管理人员的心中。特种设备现场管理是一个综合性的过程，要做好每个环节的对接工作，落实相关管理制度，保障设备运行的稳定。

第三节 特种设备的安全管理

随着社会和生活的需要，特种设备成为不可或缺的一部分，特种设备的范畴也越来越广、数量越来越多。特种设备的主要特征就是发生事故的危险性高、危害程度大、事故影响恶劣。近年来，频繁暴露的特种设备事故仍然历历在目、触目惊心，给安全生产敲响了警钟，给人们的生活和社会安定带来了一定的负面影响。在统计单位年度事故隐患时，发现关于机械设备方面存在的事故隐患达到了总排查隐患的80%以上，特种设备事故隐患也超过机械设备事故隐患的60%以上，这些数据看起来都是令人担忧的。因此，如何做好特种设备的安全管理，已经成为社会关注的一个焦点问题。本论文从特种设备的相关定义和分类开始谈起，分析了目前使用特种设备存在的管理薄弱环节，提出了科学、可行的安全管理措施。

一、特种设备的定义和分类

根据《特种设备安全监察条例》相关规定，特种设备是指涉及生命安全、危险性较大的锅炉、压力容器（含气瓶）、压力管道、电梯、起重机械、客运索道、大型游乐设施和场（厂）内专用机动车辆等八大类，根据其主要工作特点，可以分为承压类特种设备和机电类特种设备两大类，承压类特种设备主要包含锅炉、压力容器和压力管道，机电类特种设备主要包含电梯、起重机械、客运索道、大型游乐设施和场（厂）内专用机动车辆。其主要特征就是危险性大、发生事故概率高、专业性强、社会影响恶劣。

二、目前特种设备管理存在的问题

特种设备主要用于工地建设、工厂和社会特定场所。近年来，特种设备事故频发，充分暴露了在特种设备安全管理方面存在的不足，主要表现有以下几个方面：

（一）管理机构不明确，安全职责不清晰

部分单位对于特种设备管理的机构不明确，有的是安全部门在管理，有的是物机部门在管理，因为特种设备的专业性比较强，理论上是物机部门负责管理，但是使用过程中也涉及安全问题，管理部门之间未分清主次，就产生了要么两个部门同时管理，要么两个部门互相推诿都不管理。另外安全职责上，两个部门都有管理特种设备的职责，但是责任制却是含糊其辞，没有明确部门管理的主次，也没有界定部门管理的内容，容易造成管理混乱，特种设备管理也就容易出现问题甚至发生事故。

（二）特种设备进场把关不严

一方面表现在部门联动不足，如建筑工地分包队伍在投标时只是注明了满足施工需要的设备数量，未明确该种设备的规格型号、使用年限、检测检验等情况，无法保证投入的设备是满足安全管理要求和特种设备管理规定，甚至投入一些国家明令淘汰的特种设备；另一方面表现在单位负责人安全意识不强，未能正确处理安全与生产的关系，由

于前一方面的原因，导致分包队伍投入现场的特种设备不满足安全生产的要求，然而受工程进度和企业效益的影响，加之部分单位主要负责人安全意识不强，默认不符合安全规定或者特种设备规定的特种设备投入使用，加大了特种设备在使用过程中的安全管理，也容易发生特种设备事故。

（三）检测检验不及时，违法违章使用现象频发

特种设备的投入使用前是有其专门要求的，必须严格履行安装告知、检测检验合格，并取得使用登记证后，方可由专业人员按照操作规程使用。安装告知程序的履行情况还算可以，但是检测检验合格，出具检测报告需要一定的时间，然后在检测合格的基础上，到市场监管部门办理使用登记，取得特种设备使用登记证后，方可投入使用。而一些单位片面考虑效益，特种设备安装完毕后，未取得检测检验合格报告和办理使用登记证就立即投入生产，存在违法违章使用的情况，发生事故的概率变大了。

（四）特种设备使用不规范，日常维修保养不及时

在履行完特种设备的相关手续后，部分单位随意安排人员操作和使用，出现无证上岗的情况，或者在使用过程中，为了方便操作，擅自违章更改特种设备的相关部件或者拆除安全部件，致使特种设备暴露在危险中。更有一些单位未按照特种设备管理规定要求定期进行安全检查和维修保养，缩短了特种设备的使用年限，加大了特种设备的危险性。

三、特种设备安全管理措施

综合《特种设备监察条例》，结合实际情况，要做好特种设备的安全管理，应当从以下几个方面入手：

（一）明确管理机构，分清安全职责

成立专门负责管理特种设备的机械部门为主管部门，负责特种设备进场、取证、使用等一系列工作。因为特种设备的管理是一项比较专业性的工作，安全管理部门负有管理职责，但是大部分专业性不足，难以全面地掌握特种设备的安全管理，其他相关部门作为特种设备管理部门的配合和协助部门时，必须要理清各自在特种设备管理中的职责，明确分工、责任到人，共同完成特种设备的安全管理。

（二）严格履行合同，严把入场关口

在招、投标时，必须要求分包队伍注明特种设备的规格型号、新旧程度、原始资料、持证情况等，在进场时，要严格对照合同条款进行一一对照，确保进场的特种设备与合同规定一致，一旦发现进场设备为非合同约定的，或者是不满足安全生产要求的，坚决

不予以投入生产，坚决杜绝国家明令禁止和淘汰的设备投入生产。

（三）严格履行程序，合法合规使用

特种设备满足进场要求后，必须提供其原始出厂资料，在安装前必须严格履行安装告知手续，经同意后，按照特种设备的安装方案，由专业人员按照操作规程进行安装工作，再报第三方专业检测中心进行安装的检测检验，取得检测检验合格报告后，到市场监管局办理登记，待取得使用登记证后，方可按照操作规程作业。在未取得使用登记证前，特种设备一律不得投入使用。同时机械管理部门要监督检查其证件的时效性，及时督促更换或者复审证件，杜绝违法违章使用。

（四）加强维修保养，杜绝带病作业

对于特种设备的操作人员是有明确规定的，必须经培训、考核合格，取得相关部门颁发的特种设备操作证，并接受单位的三级安全教育和操作规程交底后，严格按照特种设备操作规程进行作业，坚决杜绝无证上岗的情况。同时安全管理部门要及时核查持证人员的相关情况是否满足特种作业人员的管理要求，督促持证人员及时复审，确保证件的有效性。

特种设备操作人员、安全管理部门、机械管理部门要加强对设备使用的检查监督，严格履行特种设备安全操作规程，及时制止违章行为，杜绝擅自改装、拆除特种设备的安全部件，加强特种设备隐患排查治理，及时消除特种设备事故隐患，减少特种设备暴露在危险环境下的时间。同时督促操作人员每班前的安全检查，确认安全后方可操作；禁止带病危险作业，严格履行特种设备的维修保养制度，按照相应特种设备保养制度进行保养，减少设备出现故障的概率，同时要及时消除设备故障，保证特种设备的正常、安全运行。

（五）专业机构克服管理缺陷，助力提升单位机械管理

涉及特种设备的很多单位，因为企业性质问题，虽然成立了专门机械管理部门，但是人员专业性并不是很强，安全管理人员对特种设备的管理也存在局限性，因此可以通过邀请第三方专业机构定期组织对单位的特种设备进行全面、全方位的排查，帮助单位排查特种设备的事故隐患，并及时消除、减少和杜绝特种设备事故。同时考虑到部分单位对特种设备的维护保养比较简单，不满足特种设备安全管理规定，维保工作比较敷衍和浅显，对于重点部位的维保工作不到位，降低了特种设备的使用效率，缩短了使用寿命，为了解决这一问题，可以聘请社会第三方专业维保服务单位，根据单位实际情况，对特种设备进行全面、专业的维保管理，可以减少特种设备事故隐患的暴露，这样也能大大降低和减少事故的发生概率。

总之，特种设备在社会发展中发挥着重要的意义，种类和数量也是逐年增加，因为其发生事故的危险性、危害大、社会影响大，人们对特种设备安全的关注度也越来越高，如何提高对特种设备的安全管理，杜绝事故的发生，保障人民的生命和财产安全，维护社会稳定和谐，成为一个比较尖锐的话题。本论文是作者根据实际情况提出的一些建议，在后续的一段时间内，还需要全社会共献计策，提高安全管理，杜绝特色设备事故。

第四节　特种设备的应用与管理

一、特种设备的类型及其在建筑工程中的应用管理意义

（一）特种设备的类型

在建筑工程中，主要应用到的特种设备包括施工升降机、塔吊、高空作业中的吊篮、物料提升机、起重吊装设备、门式脚手架以及附着式脚手架等。

（二）特种设备在建筑工程中的应用与管理意义

建筑工程的施工中总会涉及特种设备的应用，通过这些设备的应用，才可以有效提升施工质量，降低劳动人员的工作强度与作业负担，以此来达到当今建筑工程的实际施工要求，满足建筑工程的发展目标。

但是因为特种设备一般都具备一定的危险性，应用中对于安全等级的要求也非常高，稍有不慎就会酿成安全事故，进而造成严重的财产损失甚至人员伤亡。因此，在应用特种设备进行建筑工程施工的过程中，施工单位一定要严格按照其规定的要求来进行安装和应用，避免由于安装或者是应用不当所引发的安全事故。同时也应该加强此类设备的应用管理，通过严格的管理制度和科学的管理方法来进行管理，明确此类设备应用过程中的相关注意事项，并做好技术交底工作。这样才可以有效保障特种设备的实际应用质量，在发挥出其充分技术与设备优势的基础上最大限度保障建筑工程施工的安全性，避免由于特种设备应用和管理问题所导致的不必要的安全事故发生。

二、合理选择特种设备

选择特种设备的过程中，除了需要满足生产要求之外，还需要按照相关规定，满足安全要求，以达到预期的运行效果。同时，选购期间相关负责人员应该严格审查特种设备质量状况，确保特种设备满足产品质量出厂标准满足使用要求。结合以往的经验来看，

所购置的特种设备需要附有以下相关文件：必须具备安全技术规范要求的设计文件；必须持有产品质量合格证明；具有特种设备安装以及使用维修说明；具备监督检验证明等文件内容；必须具有特种设备制造许可证等文件内容。

三、规范安装特种设备

特种设备安装改造期间，维修单位必须经过相关主体单位及部门许可之后，才可以从事安装以及改造等特种设备工作。结合以往的经验来看，维修单位必须具备以下资质条件才可以获得相关主体单位及部门许可。

（1）维修单位内部具有与特种设备安装、改造等专业相适应的专业技术人才以及工人。

（2）维修单位具有从事特种设备安装与改造等工作的生产条件，同时具备良好的检测手段。

（3）维修单位内部具备健全完善的质量管理制度，并划分好岗位职责，落实岗位责任制度内容。

从事特种设备安装、改造以及维修等工作的施工单位应该在正式施工之前，对拟进行的特种设备安装以及改造等情况以书面报告形式，反馈到当地特种设备安全监督管理部门当中。由相关负责人员对书面报告进行审查分析，合格之后方可施工。

安装、改造以及维修竣工结束之后，安装、改造、施工单位方面应该在规定验收时间内对相关技术资料进行审核处理，移交给设备管理部门当中，并将相关技术资料存入设备安全技术档案当中，以供后续参考应用。

对于特种设备安装、改造以及重大维修工作而言，维修单位方面必须经过主管部门以及检验检测机构核准之后，才可以按照安全技术规范要求实现监督检验过程。如果监督检验不合格，特种设备将禁止交付使用。

四、安全使用特种设备

各种设备投入使用前或者投入使用后的规定时间内（多为30日内），应该向当地特种设备安全监管部门进行登记处理。其中，登记标志应该放置在特种设备外观明显位置。

设备管理部门应该对特种设备安全技术档案进行适当健全与完善。其中，在安全技术档案内容的确立方面，应该涵盖以下内容：一方面，安全技术档案内容应该包括特种设备设计软件以及制造单位等文件资料，同时还需要包括安装技术文件及相关资料。另一方面，安全技术档案内容应该包括特种设备定期检验记录以及定期自行检查记录。同时还应该包括特种设备日常使用状况记录以及日常维护保养记录等。除此之外，还应该包括特种设备运行故障以及维修记录等关键信息。

当特种设备出现故障或者异常情况时，使用单位应该对其进行全面检查，根据故障以及异常问题的具体表现及成因，采取针对性措施消除事故隐患。确保无误之后，才可以重新投入使用。

如果特种设备存在严重的事故隐患，或者是已经超过安全技术规范所限定的年限，建议使用单位予以及时报废处理，并上报到原登记的安全监督管理部门，办理注销手续。

五、近几年特种设备出现的安全事故多的原因

（一）特种设备的安全管理制度存在缺陷

健全完善的特种设备安全管理制度，在一定程度上可以为特种设备安全运行提供良好保障。但是结合实际情况来看，因受到多方面因素的影响，导致特种设备安全管理制度存在缺陷问题。管理制度缺陷问题主要表现在两个方面：首先，安全管理理念的落后，从根本上无法正确认识到安全管理对特种设备的重要性，加之特种设备构造复杂，对特种设备进行安全管理的成本相对较高，自然无法有效对特种设备进安全管理。其次，管理部门不够明确，对特种设备的安全管理相关责任落实不到位，造成管理混乱，增加了特种设备的安全风险。

（二）特种设备的操作和使用规范不完善

特种设备应当由取得相应资格证书的人进行操作和使用，才能保障特种设备的安全，但是实际操作中，很多单位在特种设备的操作和使用制度方面要求不严，对安全问题不重视，在进行特种设备的操作时，不按照特种设备操作规程进行操作。比如说，行程限位开关失效，操作人员不重视，很容易使设备在超出行走范围后无法自动停止，轻则致使设备损坏，重则造成重大的安全事故，施工范围内工作人员的安全无法得到保障。

随着我国建筑行业的发展，机械化施工逐步代替人员施工，人员配合机械施工已成发展趋势，特种设备的施工必须要依靠人员操作才能完成作业，提高特种设备的安全管理及安全使用成为必然，为确保施工安全和作业人员的安全，加强特种设备的选取、日常检查及日常维修保养显得尤为重要。

第五节　特种设备的管理与维修要点

近年来，随着科学技术的不断发展，特种设备已经在诸多领域得到应用，生产生活中对于特种设备的依赖性逐步提高。由于特种设备与普通设备有着明显的区别，其在应用过程中常常受到各方面因素的影响，如果缺乏相应的管理与维修，势必会增大特种设备的运营维修成本，影响特种设备的服务功能。在当前特种设备范围逐步扩大的基础上，相关部门需切实做好特种设备的管理与维修工作，为正常生产提供设备保障与支持，推进特种设备功能的实现。

一、特种设备的功能作用及运维管理

近年来，随着国际国内市场的形成，我国的经济社会发展水平显著提高，这一发展趋势刺激了人们的各种需求，尤其是在诸多的生产生活中，特种设备的应用范围逐步扩大。根据有关数据显示，我国特种设备的需求量逐年增加，人们对特种设备的功能要求也日益提升。特种设备的使用关系到人们的生命安全，如电梯、起重机械、游乐场设施、部分化工设施等。从企业长远发展的角度考虑，特种设备是一些企业的关键生产要素，如果在特种设备的使用过程中，未严格遵守相应的技术标准，将会使特种设备在运行与使用中的安全威胁增大，甚至在有些时候会增大企业的管理成本。

特种设备管理是为了提高人们的生活水平或者工作效率，以发挥特种设备的重要作用。在当前特种设备使用需求逐步提升的过程中，特种设备管理已经成为生产生活中的重点关注内容。对部分企业而言，特种设备管理是维持企业长远稳定发展的重要前提。一般情况下，特种设备管理包含前期管理与后期管理，前期管理集中在特种设备的生产、采购与安装方面，而后期管理主要体现在维护方面。

二、特种设备的管理与维修现状

（一）使用与管理形式不协调

当前使用特种设备的企业在特种设备的管理方面，大多采用的是专人负责管理制，安排专人来进行特定特种设备的管理。对企业的生产经营而言，每一种特种设备都有其固定的操作人员，在设备的管理与维修方面，却缺乏对专业人员管理职能的细分。这种情况下，极易造成特种设备操作与维修管理人员工作的不协调性，当特种设备出现了使用问题以后，难以及时划分责任，互相推诿，长此以往将会严重影响企业正常的生产秩序，使产品的质量与效率难以保障、特种设备维修成本急剧升高。大部分企业在发展的过程中，往往会将产值与效率放在首要位置，缺乏对特种设备管理与维修工作的重视，在实际的生产过程中，特种设备超载运转的情况下，维修与管理工作不到位，缩短了特种设备的使用寿命，也不利于企业经济效益的实现。

（二）设备使用不规范

特种设备与普通设备有所不同，其在运行的过程中常常会存在诸多的操作要求，如果在实际的使用过程中存在设备的不规范操作，将会导致特种设备面临严重的损坏与老化、磨损风险。特种设备操作使用的不规范，主要是由于操作人员对特种设备的操作不熟悉、技术规程不了解、责任与安全意识匮乏所造成的。因此，特种设备操作方面的问题也是管理与维修过程中需要重点关注的问题。

（三）技术水平落后、采购不科学

现阶段，随着市场经济的快速发展、特种设备使用需求量的提升，特种设备的市场竞争日益激烈化，而在此竞争过程中，技术水平是关键的竞争因素。企业在特种设备的使用过程中，需要注意特种设备的更新，如果其设备更新难以与市场保持一致，会使特种设备的竞争力大大降低。很多企业在发展过程中，特种设备技术水平落后，更新与使用难以与市场保持一致，落后的技术水平使得特种设备的竞争力不足。此外，一些企业在发展时，为适应市场竞争需求，采购了种类繁多的特种设备，在具体的应用过程中却难以取得良好的应用效果，所以说不科学的采购同样会导致特种设备存在各种问题。

三、特种设备管理与维修要点

（一）完善制度健全操作规程

在特种设备的管理与维修方面，需要制定完善的管理与维修制度，在制度的制定过程中，必须始终坚持以国家的相关法律法规为基础，立足企业自身情况，保障管理与维修制度的完善性，在制度中明确规定管理人员的工作职责、流程与管理、维修要点。由于特种设备的种类相对较多，不同的特种设备下，其技术规范与管理标准也存在一定的差异，这就要求企业需要定期进行管理制度的补充与完善，使管理制度中的相关内容能够符合企业特种设备的具体情况，保持制度的适应性、有效性。比如化工企业使用的特种设备包含承压类蒸汽锅炉、压力容器等，在管理与维护制度的制定过程中，需要结合这些特种设备的结构特征、自动化水平、作业环境、操作流程等来制定安全技术规程。

（二）强化日常的运行管理

对于特种设备的管理与维修工作，日常的运行管理极为重要，在这一管理要求下，有关管理部门需要加强对操作人员的管理，避免操作人员存在各种不规范的操作行为，并对操作人员开展相应的考核。比如对于锅炉、快开门压力容器等特种设备，在日常的运行管理过程中，要求操作人员严格根据安全技术操作规程开展相应的操作，在设备运行时进行压力、流量等参数的科学控制，记录设备运行中的变化与异常，相关管理人员能够按照规定的巡检路线自觉进行设备的巡查，及时发现特种设备运行使用时存在的各种问题，并及时反馈与处理问题。对于一些无专人值守且用于人员密集的高层建筑物特种设备，如电梯等，在日常的运行管理过程中，需利用视频监控系统来实现管理，并安排专人定期、定时巡视客流量的变化，检查设备是否处于稳定、可靠的状态。

（三）开展周期性的日常检查与维修

特种设备的管理与维修工作任务艰巨，要提升特种设备管理与维修水平，相关管理人员在日常的工作中同样需要加强对设备的自检与互查工作，通过周期性地开展这些工作，在企业内部形成日检、周检与月查的良好习惯。各个企业在特种设备的日常检查与维修工作中，都需要根据自身的实际情况、特种设备运行环境，制定可行、详细的检查表，并使相应的人员能够掌握需要检查的内容部位，开展规范的日常检查与维修。在日常的检查与维修过程中，专业人员还需要及时对检查与维修情况加以记录与分析，将这些记录作为后续开展管理与维修工作的重要参考。

（四）加强对维修人员与维修单位的管理

特种设备的管理与维修工作中，同样需要加强对维修人员与维修单位的管理。由于特种设备的管理与维修工作相对复杂，只有资质符合要求的单位或者人员才能够从事相应的管理与维修工作。在这种情况下，专业的管理、维修单位必须要逐步提高其综合能力，尤其是要加强对专业管理与维修人员的培训，通过培训来提高管理维修水平。例如，管理维修单位需定期对管理与维修人员开展相应的技术与技能培训，提高这些人员的管理维修水平、责任与安全意识。只有提升了维修单位、维修人员的管理与维修能力，才能够及时处理特种设备使用过程中存在的诸多问题。

（五）做好检验检测工作

由于特种设备的特殊性，国家有关的法律法规中明确提出了特种设备定期检验检测的要求。特种设备的检验检测是全面对特种设备的安全技术状态的周期性进行验证和评定，对于没有进行检验检测的特种设备，严禁投入使用。做好检验检测工作是特种设备管理与维修工作的重点，各个企业都需要结合特种设备的具体情况，制定完善的检验检测制度，通过科学的管理与维修，为检验检测结果的可靠性提供基础。在特种设备的管理与维修工作中，需遵循规范化管理原则，维持特种设备良好的安全技术状态。企业需在日常的工作中，充分认识到特种设备维修管理的重要性，加大对特种设备的监管，使所有人员都能够积极参与到特种设备的管理与维修工作中。此外，企业专业人员还需要做好特种设备的按期申报与检验检测，使特种设备能够维持最佳的运行状态，提高特种设备运行的可靠性。

（六）加强档案管理

特种设备的管理与维修工作中，往往会产生大量的维修与管理数据，通过对这些管理、维修数据的记录、档案的整理与收集，在后续的工作中可以作为管理、维修策略的依据。无论是何种特种设备，在管理与维修工作中，都需要加强对管理、维修全过程的记录，使得在最终的档案中包含设备的运行记录、故障表现与处理策略、维修资料，通过信息化管理手段提高特种设备的管理水平。

近年来，随着特种设备使用量的增多，相关部门必须做好特种设备的管理与维修工作，及时处理特种设备运行与使用时出现的各种问题，为特种设备创造良好的条件，发挥特种设备在企业生产中的重要作用。

第六节　特种设备检验检测的管理

近年来，特种设备检验检测技术安全管理问题一直被大众所熟知，但很少有相关部门重视，一直以来都是特种设备在使用和监督管理过程中的隐患和漏洞。导致工作人员安全意识不足，许多操作流程未按照规章制度与标准来完成，特种设备检验检测技术的时效性无法满足实际性需求和达标的结果，相关检验部门也迎合企业发展利益，并未完全落实科学、高效的检查机制，难以对检测结果的时效性带来全面保障的价值，因此特种设备在目前的使用领域中的应用价值和生产效益较低。特种设备的类型主要有游乐设施、管道、起重机、电梯等，这些都是大众日常生活中常见的设备，需要通过有效的安全管理技术和手段，为日常生活安全性保驾护航。

一、特种设备检验检测安全管理的重要性

特种设备在我们的日常生活中非常常见，随着科学技术水平、信息化、智能化技术的发展，特种设备以更多的种存在于城市发展建设中，同时特种设备作为日常生活中一

种较为危险的产品，在体积较大、压力较高的情况下，危险系数也会相应增加，导致安全事故频繁发生，因此，为了更可靠地使用特种设备，需要提高检验检测领域标准化与信息化的发展，提高检测手段和技术的改革，顺利实现生产发展目标，维护企业更大的安全效益和经济效益，将检验检测工作作为企业发展和改革的重点方向，不断优化检测标准，为实际特种设备的生产和使用环境营造更加安全科学的工作空间。

二、特种设备分类与检验检测现状

（一）特种设备分类

从目前特种设备的应用范围和应用内容来看，特种设备可以根据使用情况的危险性不同，分为以下几种使用场景，如锅炉、氢气瓶及与压力相关的容器特种设备、蒸汽、水、燃气等管路，以及商厦、居民楼等电梯特种设备、起重机械类特种设备、索道、客运特种设备、滑行车等娱乐设施特种设备、专用机动车的特种设备，这些特种设备已经涵盖生活的各个方面，科学的技术支持和危险分类与人们的生活安全性密切相关，希望能够得到检验检测技术的改进，来保障这些特种设备的科学应用。

（二）检验检测现状

目前，我国随着特种设备的应用范围不断扩大，应用效果不断提高，居民生活质量和社会经济发展水平的不断增加，特种设备的数量和种类也呈现爆发式的增长，多样化的特种设备，为人们的日常生活增添色彩，但同时特种设备检验技术也受到了大众重视。由于特种设备的质量直接关乎人们日常生产生活的安全性，因此特种设备检验检测工作需要在不断落实和强化的过程中提高其科学性和安全性，降低危险事故的发生率。

三、特种设备检验检测存在的问题及原因分析

（一）存在的问题

（1）安全控制不合规范。目前，我国特种设备管理和检验部门尚未形成科学、高效的安全管理制度和措施，导致一些检验细节问题存在漏洞和误差，同时针对不同特种设备检验标准的制定覆盖范围不全，需要针对检验机构的不同检验情况及时调整并进行政策补充来达到更好的检验效果。由于大部分企业对于安全问题不重视，对于自身漏洞的不改进，检测如同形式主义，甚至花钱就可以办理检验证明，导致短时间内安全措施难以得到专业化、科技化、高效化的落实，特种设备的检验工作容易造成较大的安全隐患，这也是目前最普遍的一种检验工作现状，违规操作、违规现象普遍发生，管理负责人员

尚未起带头作用，无法根据检验机构检测工作内容的落实有效提高特种设备的安全性和科学性。

（2）特种设备操作人员素质较低。目前特种设备检验检测技术的操作人员检测水平和工作能力不足，文化和素质要求难以匹配检测工作现状，学习和认识能力较低，对新鲜事物接触能力较差，随着特种设备的不断发展和改革，势必难以胜任检验检测工作各项专业技术的要求，因此相关机构和部门应吸引更多优秀人才加入检验机构，以科学、有效的检验手段和培训手段，让高级技术人才服务于检测工作。

（3）设备检修不及时。我国目前特种设备种类繁多，技术含量要求较高，许多单位缺乏专业性人才，导致设备检修和维护工作设置不合理，许多设备已经出现故障而无法及时维修，正常工作和运行机制难以匹配，实际生产和使用现状留有较大的安全隐患，无法实现及时维修的效果，威胁着群众的生命财产安全。

（二）原因分析

（1）对特种设备监管力度不足。我国目前特种设备检验管理机构的监督管理工作落实不到位，无法科学有效地实现安全管理工作，导致特种设备在使用和工作过程中存在安全隐患，即使我国针对特种设备监督管理力度不足的现状提出一系列法律规范，但许多工作人员尚未按照严格规章和制度来落实自身职责，工作素养和工作能力不强，认为规章制度是企业发展的瓶颈，缺乏对特种设备故障和问题的准确性分析，影响设备的安全运行。

（2）工作人员的检测安全意识不足。特种设备是一种危险系数极高的设备，在检验过程中存在较大的安全隐患，因此要提高安全检验工作人员的安全意识，尽量以严格、规范的操作和流程来避免安全事故的发生，但有一些检验人员抱有侥幸心理，认为安全事故发生概率较小，不会轮到自己身上，因此对原因和教训的总结不及时，整个维护工作危险系数较高，难以维持设备的正常运转，导致设备的危险性无法得到及时改进，对检测人员要求不严格，检测工作落实不规范，存在潜在安全危险，这是对自己的不负责任，也是对他人和操作人员的不负责任，责任心缺失。

（3）特种设备检测不符合规范。我国目前法律制度明确规定了特种设备检验检测部门工作人员的工作制度和要求。在检测工作过程中，如果工作人员尚未具备相应检测资质的是无法从事相关工作的，如果非法从事不仅违反法律规定，同时还会对设备安全造成较大隐患，但许多企业为了更好地提高生产效益，降低经营成本，选择一些不符合国家工作资质的检测人员来实施特种设备运行安全检测工作，导致安全事故发生率急剧增加，影响设备正常安全运转的性能，对工作人员的生命财产安全造成威胁。

四、特种设备检验检测安全管理措施

（一）加强管理工作

特种设备安全检验工作涉及很多仪器和检测设备，为保证设备的高质量运转，需要操作人员熟知仪器使用流程和管理规范，以提高工作效率，根据实际工作需求和工作方向，以科学有效的管理体系和运营模式，让特种设备检验检测工作辅以智能化、科技化、现代化的检测仪器，按照检测流程进行检测工具的合理配备和工作，提高设备仪器使用的规范性和科学性，为特种设备的安全质量保驾护航，让检测工作顺利开展；借助检测仪器，使特种设备在大众日常生活中的各个方面获得更多的发展应用。

（二）定期检查，保证特种设备的良性运行

为了更好地避免特种设备安全事故的发生，需要定期进行特种设备中各零部件、附件的检测工作，对组成部分统一检查，以保证其正常性能和运转状态，探测是否存在磨损、故障的问题。如果有应及时维修或更换，全面排查安全事故发生的可能因素，针对特种设备检验检测技术，应以规范化、制度化、标准化的检测手段定期开展检测工作，让每个时间段的检测工作都得到贯彻落实。

（三）提高安全检测人员的素质

特种设备检验检测工作人员具备较高的工作能力和工作经验，在掌握较高技术检测能力的过程中以充实的理论知识为基础提高检验检测工作的质量，还能够根据目前特种设备的使用情况和使用环境进行定期筛查，为操作人员提供更合理的操作方向，尽量在日常操作过程中，以规范化的操作流程提高设备的可持续使用性，同时，对从事特种设备检验技术的工作人员进行定期培训和考核，对没有资质、没有能力的工作人员进行淘汰。随着我国社会发展的不断进步，检验检测工作人员必须具备工作能力和科学的工作素养，以较强的责任心来保证检验工作的贯彻落实。

总地来说，随着我国社会的发展，特种设备检验检测技术的安全管理工作势必会上升到新的台阶，改变以往危险系数较高的现状，通过科学的检验操作流程，以实现更高的安全体系建设、更完善的安全管理制度，为企业赢得更好的发展效益。

第五章 特种设备管理的分类探讨

第一节 特种设备的档案管理

特种设备的管理对企事业单位的稳定发展有着至关重要的作用,能够直接影响企事业单位的经济效益,所以,企事业单位要全面意识到特种设备档案管理工作的重要性,结合自身的实际发展情况制定健全的特种设备管理体系,提高特种设备管理意识。特种设备档案能够真实地记录压力容器的全部生产过程,从而保证产品在生产过程中的稳定性和安全性,在档案管理中有着极其重要的地位。在社会经济发展过程中,我国越来越重视特种设备档案管理工作,先后出台了一系列特种设备档案管理相关规章制度,大部分企事业单位也意识到了特种设备档案管理的重要性,初步建立了相关管理体系,从而有效地减少了生产中安全事故的发生概率,促进企事业单位稳定发展。

一、特种设备档案管理的必要性

特种设备的档案管理分为三种:特种设备采购档案、特种设备检验档案和特种设备维修档案。当前企事业单位对特种设备的档案管理工作较为重视的是设备采购档案,而对于特种设备的检验维修工作需要进一步加强,尤其是在科学技术发展迅速的当今社会,企事业单位在不断发展中要对特种设备档案管理工作进行不断地创新和调整,从而探索出全新的特种设备档案管理工作规律,为企事业单位的经营活动奠定良好的基础,因此需要企事业单位根据自身的实际发展情况,建立完善的特种设备档案管理体系,在管理过程中要不定期对特种设备档案进行检测,从而全面掌握特种设备的运行状况和检修情况,充分发挥特种设备档案管理工作的作用。

二、完善特种设备档案管理体系

(一)制定健全的特种设备档案管理相关规章制度

为了能够促进企事业单位的稳定发展,需要高度重视特种设备档案管理的重要性,通过制定相关规章制度，明确特种设备档案管理的工作内容，从而规范特种设备档案管理工作，需要特种设备档案管理工作人员严格按照相关规章制度严格执行，并且要充分掌握特种设备的安装过程，制定健全的特种设备档案管理工作的规章制度，使企事业单位的特种设备档案管理工作具有规范性和标准性，从而提高特种设备档案管理效率，促进企事业单位长远发展。

（二）将特种设备档案管理工作内容进行明确的划分

通过明确划分特种设备管理工作的具体内容，使相关管理人员能够充分意识到自己在工作过程中的责任和义务，并制定健全的考核机制，通过奖罚分明的制度对特种设备管理人员进行规范，从而激发管理人员的工作积极性，通过对特种设备的运行情况进行及时的记录。另外，企事业单位还要建立完整的特种设备检测维修记录，充实特种设备档案管理的相关内容，保证特种设备档案具有真实性，为特种设备的运行提供准确依据。

（三）实行特种设备档案的特殊管理

企事业单位在发展经营过程中对特种设备档案的使用率极高，为了能够及时提供特种设备档案，在管理过程中，要通过对特种设备档案进行分类、编号等方式进行有序排列，对特种设备档案管理工作可以通过目录的形式进行管理，企事业单位在生产运营中需要特种设备档案时，将特种设备名称、安装地、使用说明等详细信息和目录一同下发给企事业单位，从而能够及时地帮助技术人员开展查阅和安装等工作，并且帮助技术人员充分了解特种设备的相关知识，技术人员能够第一时间排查设备中存在的安全隐患问题，从而提高了安全性和稳定性，保证企事业生产经营能够顺利进行，促进企事业单位稳定发展。

（四）引进先进的科学技术，实行信息化管理

我国科学技术发展迅速，为了能够顺应时代的发展，企事业单位在特种档案管理工作中要充分利用当代的信息化技术和网络技术，在对特种设备档案管理工作中，可以将纸质文件的归档作为管理工作的基本工作，同电子文件归档充分结合，从而实现纸质文件和电子文档能够同时发展。

（五）加强特种设备档案管理工作的监督

对特种设备的采购、检验、维修、运行等一系列工作内容进行归纳和整理，从而进行建档是特种设备档案的主要内容，想要发挥特种档案管理的积极作用，就要加强特种设备档案管理监督工作，在企事业单位生产经营活动中，对特种设备在日常中的运行状况记录是最常见的，因此在管理工作中可以通过设备日常运行情况进行实时记录，为设

备的运行提供可靠的依据。在检测过程中,可以通过设备日常运行的实际情况进行查阅,能清楚地掌握特种设备的具体数据,实时了解设备的动态情况,有效降低安全事故发生的概率。

综上所述,随着经济的飞速发展,生产生活也在逐步走向机械化,特种设备是企事业单位管理工作中极其重要的一部分,能够直接影响经济效益的高低,所以,企事业单位想要长足发展,就要重视特种设备档案管理的重要性,从而提高特种设备的使用效率,为企事业单位的长远发展奠定良好的基础。

第二节 特种设备的使用管理

做好特种设备的安全管理工作,不仅已成为企业内部的头等大事,也是企业提高经济效益和快速发展的重要保障。自 2009 年国务院重新修订了《特种设备安全监察条例》,增加了节能、环保和事故处理等相关条款,以及加大了对违规现象的处罚力度以后,各企业对特种设备的使用、管理、监督和检验等,也都制定出许多相关的管理制度与办法,并不断对其进行补充和完善。由于特种设备的使用范围较广,主要包括锅炉、压力容器、压力管道、电梯、起重机械、客运索道、大型游乐设施和厂(场)内机动车辆等,它们在各行业的现代化生产中已发挥出不可替代的巨大作用。因与人们的生产生活息息相关,又具有比较危险的特殊性,因此,加强特种设备的使用与管理工作,不仅是一项需要长期抓好和抓实的基础性工作,也是保证企业经济快速增长的重要举措。必须从设计、制造、安装、使用、维修直至报废等方面,进行全过程的严格监督与管理,才会取得比较好的效果。

一、实施特种设备使用与安全管理的内容

大量事实证明,特种设备管理工作开展得好的企业,安全事故发生的概率也低,既可促进生产的良性运转,又可为企业创造出比较好的经济效益。反之,如果企业的安全管理工作松懈,人们的安全生产意识淡薄,不仅会酿成严重的安全事故,还会给企业造成不可估量的经济损失。公司虽然是一家新组建的高新技术型企业,但因重视特种设备的安全与管理工作,无论是在厂房建设阶段,还是正式投产以后,不仅投入了大量的人力、物力和财力,以保证特种设备能够长周期保持安全与稳定运行,也为后期管理奠定了良好的工作基础。

（一）加强设备前期管理工作

（1）做好技术交底工作。加强设备前期管理工作和建立与设备制造厂家的良好合作关系，不仅可以及时发现和了解特种设备存在的缺陷问题，也可以为后期管理提供有价值的参考依据。例如，对电梯、起重机等需要在厂房建设期间参与选型的设备，公司都提前和设计单位进行技术交流，并与设备制造厂家密切接触与沟通，不但要选取生产适用和质量可靠的设备，还应具有良好的环保与节能性能。在新设备进入公司以后，都要组织专人查验合格证书、质量证明等相关技术文件是否规范和齐全，凡是资料不全的一律不予接收。

（2）选择好安装队伍。在选择安装队伍上公司的原则是，只允许资质齐全、安装质量高和社会信誉好的企业，才有资格参与竞标。在安装过程中，为每台特种设备都指派了专职管理员，他们既负责和协调安装过程中的相关工作，又要配合做好安装中的质量监管工作等。安装工程结束后，公司都及时邀请国家质量技术监督部门进行竣工验收。在正式移交前，还要再组织有关技术人员对设备技术状况进行检查与评估，待设备运行平稳后再移交给使用部门。为每台设备建立了比较完善的管理体系，设置了公司及生产车间两级安全管理机构和专职管理员，不但在使用环节进行严格把关，还严查生产中出现的安全漏洞问题，并及时协调解决。

（二）制定严格的供货与安装合同

制定严格的供货与安装合同是保证特种设备质量的前提，因为在特种设备的采购与安装过程中，公司就曾遇到过类似问题。例如，在压力容器和压力管道安装时，因合同中没有约定是由甲方还是乙方办理安装告知手续，如果依据《特种设备安全监察条例》要求，压力容器安装时，需提前到国家质量技术监督部门办理安装告知手续后方可开工。但该压力容器是甲方自行购置的，乙方只负责安装，因此，在办理安装告知手续时，既要有甲方提供的压力容器相关资料，又要有乙方的特种设备安装许可证和人员资质证书等，由双方协商共同办理。因上述内容约定不明确，出现了开工后未办理安装告知手续的情况。不仅严重违反了国家有关规定，还因在安装过程中没能及时得到有关部门的现场监察，而使安装质量难以保证，为设备后期使用埋下了严重的安全隐患。为此，公司规定在签订设备安装合同时，必须明确约定双方的责任与义务，安装过程要及时得到监督部门的监察与认可，以保证特种设备的安装质量。

（三）对经常发生故障的设备要实行监控管理

（1）公司起重机械设备的数量较多，为了保证设备管理工作更加有针对性，设备管理部门将全部起重设备进行了排队，并对经常发生故障的设备进行了筛选和重点管理，不仅提高了工作效率，也有效避免了设备故障的发生。例如，有 2 台 2t 的电动葫芦经常发生故障，主要故障现象是钢丝绳容易缠绞在一起、导绳器经常被拉断和电机经常被烧毁等，由于是生产车间的重要上料设备，出现故障后对整体生产影响较大。为此，公司组织技术人员在走访生产厂家之后，对设备进行了技术改造，有效解决了上述问题。

（2）公司有一台 3t 载货电梯在运行时经常发生"死机"现象，如果将电源断掉再合闸运行正常，但时间不长又发生"死机"现象，经过多方面分析和测试发现是电路板故障所致，更换新的电路板时间不长，上述现象再次发生。由于购买电路板的费用昂贵和购买周期较长，对公司生产影响很大。通过技术人员分析，发现是机房温度过高造成的电路板故障。在机房加装了空调系统，并将温度控制在 35℃左右，再未发生过电路板故障问题。

（3）另一台载货电梯在使用时发生了厅门地坎变形问题，经过不间断跟踪，发现是叉车长时间在轿厢内碾压，使电梯厅门地坎向井道内倾斜，导致轿厢和厅门地坎间隙变小，约为 20mm（国家规定是 30~35mm）。维修人员对电梯厅门口地基进行了重新处理，对电梯厅门地坎进行了加固，并对叉车司机的工作行为进行了约束。例如，禁止用叉车碾压地坎等，避免了此类问题的发生。

二、特种设备管理应注意的问题

（1）把好设备选型关。在设备选型时，应根据建筑结构和生产要求等，多与设计院及设备厂家沟通，并根据本企业的实际情况选择适宜型号的设备。例如，在同等情况下，要优先选择节能型和环保型产品。选择名优产品，不仅对后期的使用管理影响很大，还可以减少后期维修费用的投入。公司在二期改扩建项目时就充分考虑了一期曾经出现过的问题。例如，对于电梯厅门地坎容易变形问题，技术人员事先就和电梯厂进行了充分的技术沟通，要求通过采取相关的防范措施，以避免上述现象的发生。

（2）把好合同签订关。在签订合同时，不仅要明确双方的责任，还应避免以后工作中出现责任不清等问题。例如，在签订压力容器和压力管道等安装合同时，必须明确由谁来办理安装告知和检验手续，以及检验费用支付等事宜。不但要做到职责明确，还要避免工期延误和相互推诿扯皮等问题。

（3）把好设备安装关。在设备安装过程中，既要严格按照相关的安装规范进行分步验收，特别是对隐蔽工程必须要逐步仔细检查，还要坚决制止安装过程中的不规范行为。由于压力管道具有一定的危险性，因此在压力管道安装时，应严格按照《工业金属管道施工及验收规范》进行施工。在现场进行组焊的设备，约有 70% 的故障都出在焊缝上，因此，必须对焊接质量进行全面和严格的检查，才能保证设备安全与稳定地运行。

（4）把好设备验收关。把好设备出厂、安装和试车验收关，对保证设备正常运行和减少故障发生都具有非常重要的意义。公司规定：最终验收应在设备无故障运行一个月后再进行，既是为了更多地发现故障情况，也可利用安装部门的技术优势等。例如，公司有一台起重机械在验收时，合同约定是以特种设备检测研究院的检验合格报告为终验标准。但在设备验收后却经常出现故障问题，在请供应商或安装单位解决时，却遇到了一些不必要的麻烦和困难。

（5）建立健全特种设备档案。设备验收后应积极配合质量技术监督部门，做好特种设备技术档案的归档工作。从设备安装告知到设备的注册登记、投入使用等，都要进行全过程跟踪和收集各种技术资料，以便建立齐全的特种设备技术档案。例如，压力容器主要包括材质检验报告、制造与焊接过程检验报告、无损检测记录、监督检验报告等，如果技术资料不全，安装及监督检查部门就无法准确了解设备的实际状况，不仅会增加检验费用，还会影响日后的管理工作。

（6）加大特种设备日常管理力度。特种设备出现安全事故往往与违规操作有关，因此，对电梯、起重机械、叉车等特种设备管理，既要安排专职人员每日进行检查，并做好检查记录，还要对使用过程中的违规行为进行及时纠正和教育，严重者将会受到经济处罚。对于压力容器及压力管道等设备，通过加强日常点检与维护，培养操作人员良好的工作习惯等，都可极大地降低故障发生的概率。为此，不仅要对操作人员进行专门的技能培训，其他部门的管理人员也要进行必要的培训，使员工不但能充分了解《特种设备安全监察条例》的要求，重视特种设备安全运行工作，还能做到自觉及规范的执行。

做好特种设备管理工作，不仅任重而道远，而且意义重大，只有安全工作做得好，企业才能实现长远发展。管理人员不仅要定期对特种设备、安全附件运行状态及技术功能进行定期检查，还具有监督和检查操作人员工作行为的职责，才能为企业的安全生产起到保驾护航的作用。例如，压力容器的安全阀、压力表、测温仪表等，都是非常重要的安全附件，通过采取点巡检等技术手段及管理方法，就能使其长周期处于良好的工作状态。

第三节　特种设备的信息化管理

特种设备指的是锅炉、压力容器、压力管道、电梯、起重机械、客运索道、大型游乐设施和场厂内专用机动车辆等八大类，特种设备主要应用在一些特殊的环境中，对我国的经济发展起着重要的支撑作用，广泛地应用于冶金、医药、化工和食品等行业。随着我国工业化和信息化的不断推进，对特种设备的需求也与日俱增，如果监察和管理不到位就会带来安全隐患，甚至是巨大的灾难数量急剧上升，因此，特种设备的安全监管对国民经济和社会发展起到保驾护航的作用。

一、特种设备的特点与管理

随着我国工业和城市建设的飞速发展，不仅增加了特种设备的投入，特种设备的生产企业也在快速成长，并出现了一批较大的国有企业。比如，游乐场中的一些特种设备，都是从无到有。如果其使用的特种设备不了解其特点，疏于监督和管理，不按照国家规定标准执行，就会在运行过程中产生很多不利于安全的隐患。

由于特种设备本身就是一种危险性比较大的设备，其所处的工作环境往往又比较恶劣。比如，压力容器和压力管道经常需要承载易燃、易爆、剧毒物质的压力，一旦发生爆炸和泄漏，就会造成严重的安全事故。特种设备对于安全管理具有如下的基本特性：第一，特种设备安全管理是以降低危险事故率为目标。由于特种设备时刻都具有非常大的危险，几乎所有的安全事故都会危害公共利益，甚至危害人民的生命和财产安全，从而降低危险事故的发生，实现安全生产，保障人民的生命和财产。第二，特种设备的安全管理需要以政府为依托。也就是通过政府制定法定的程序，达到实现公共利益的目的，再加上政府的管理具有典型的合法性和强制性，因此对特种设备的管理更加严格。第三，特种设备的管理应该与企业现代生产力发展需要相适应。

特种设备信息化管理是指在特种设备设计、制造、安装、使用、检验、修理、改造等环节贯彻执行国家有关安全管理的方针、政策，代表国家依据有关法律、规章、标准，对特种设备实施全方位的安全监察和安全管理，达到和实现特种设备安全运行，保障国家和人民生命财产不受损失，为社会主义经济建设和社会稳定创造一个良好的安全环境。

二、特种设备的管理模式存在的问题和采取的措施

随着改革开放的发展，我国的特种设备安全管理工作已取得了非常骄人的成绩，也积累了很多宝贵的管理经验，但是由于政治体制改革的滞后和长期遗留下来的问题，特种设备的不足也开始显露出来了，制约了特种设备管理工作的进步，总结了关于特种设备存在的几点不足和缺陷：

（1）政府和企业存在责权不清的问题。由于我国的特种设备管理模式最早开始于计划经济时代，当时发挥了巨大的作用，对特种设备的发展起到决定性作用，但是由于我

国从计划经济向社会主义市场经济转变时,过去的管理模式已慢慢变得约束其发展,不适合在市场经济中发展,背离了当前的国情。

结合我国社会主义经济的发展规律,其市场经济需要政府和市场之间去平衡调节。当市场经济在进步的过程中会有短暂的"失灵"时,就需要政府对市场经济给予调节,弥补和调节市场中的缺陷,尽快恢复市场原有的秩序。但政府也会有"失灵"的时候,政府失灵的成因主要是决策信息的不完全性、缺乏竞争性压力、没有降低成本的激励机制、缺乏监督信息等造成政府机构的低效率利益集团、官僚机构、立法部门追求预算最大化而导致的政府扩张及特殊利益集团为谋求高额利润而引起的政府寻租。

由于我国市场经济处于逐步发展和完善的过程当中,往往会有许多的新问题,也会出现前所未有的困难和调整。政府的调控很难在出现问题之时,予以采取合理的政策,调控往往会慢于实际,与实际情况不合拍,政府的干预往往不能实现预期的目标,导致出现成本较高、效率较低的现象。

(2) 检验机构存在趋利行政的现象。由于预算外收入在日常经费中占到较大比重,行政机构为了维持机构的正常运转,在办理各种证件和行政许可的过程中要收取一定的费用,引起了特种设备的制造和使用单位的不满。另外在检测检验中超标准收费现象也比较严重,一是收费标准信息公开不够,有些虽然公开了,但具体计算受检单位不甚明了;二是有些单位虽然知道收费过高,但是因为检验机构是行政机关的直属单位,而且独家经营,所以敢怒不敢言。

(3) 效率低下。虽然近年来我国的特种设备数量增长很快,行政管理的事务不断增多,但特种设备管理工作的开展过多增加的机构和人员,这既不符合机构改革的要求,也不利于提高行政效率。因此为了保证监察到位,有必要每隔一段时间对特种设备安全监察机构的监察人员数量,按照设备的数量进行核定。

(4) 短期治理。在我国的特种设备安全管理中,头痛医头、脚痛医脚的现象仍然普遍存在。在安全生产比较稳定的时期,容易产生松懈麻痹思想,安全规程和监管措施往往不能完全落实到位,一旦发生严重的安全事故,又会引起高度重视,采取紧急措施,强力整治。在安全监管乏力、安全事故频繁的领域,往往受到重视,安全投入较多。而在安全工作到位、安全事故较少的领域,反而容易受到忽视,安全投入也少。搞好安全监管,必须走出这个"怪圈"。

对于特种设备存在的一系列的问题和管理缺陷,可采取如下几点措施:

(1) 加快安全信息化建设。随着信息化和工业化时代的发展,信息化技术广泛应用于农业、工业、科学技术、国防及社会生活,结合当前国家的发展机遇,信息化技术在特种设备安全管理得到应用。由于特种设备安全监察管理往往需要较大的数据和数据量，传统的监督和管理变得束缚。特种设备对现代信息技术的应用，实现了特种设备统一管理、数据规范、资源共享等，大大提高了工作效率。

（2）提高检验能力。检验机构原则上应将每年总收入按一定比例用于科技工作，通过加大科技投入、扩大科技工作规模和积极推动科技成果推广应用，逐步改变检验机构重检验、轻科研的现状，实现以科技提升检验能力、以检验促进科技创新、促进特种设备行业科技水平的整体提升。全面加强检验人才队伍建设，通过教育培训、技术交流、技术竞赛等措施，促进检验机构管理人员、技术人员的知识更新和能力提升。建立有利于科技创新和人才脱颖而出的政策措施和激励机制，促进多出人才、快出人才。

（3）建立安全评定、寿命预测与风险评估体系。如何在特种设备运行管理中科学、合理地协调、解决安全性与经济性关系问题，开展特种设备安全评定、寿命预测和风险评估技术研究是基础，工业发达国家对其的研究和应用高度重视，经过几十年系统性地研究开展这项工作，不但建立了各自的技术规范标准，而且建设了大量的基础数据库。

通过对特种设备的信息化管理，结合我国特种设备的使用情况和当前所处的局面，分析出现问题的原因，引进和学习国外先进的管理措施，对我国的特种设备的信息化管理进行优化分析，建立信息化管理系统，不断的改革创新，建立一套符合我国实际的特种设备安全管理模式，为特种设备的发展保驾护航。

第四节 特种设备的事故管理

一、特种设备事故发生的原因分析

特种设备种类繁多，有锅炉、压力容器、起重机械等等，但其发生事故的原因不外乎两种：一是特种设备存在不安全状态；二是有关人员的不安全行为。可表现为以下几个方面：

（1）设备存在缺陷还继续运行；（2）特种设备存在的缺陷不能及时发现；（3）使用单位领导缺乏安全责任主体意识；（4）执法人员专业知识缺乏，随意性大；（5）操作人员操作技能低下，专业知识缺乏；（6）操作人员违章操作；（7）特种设备管理人员责任心不强；（8）政府管理职能没有很好地发挥；（9）检验检测能力不强，高精端检验设备缺乏；（10）检验检测人员专业水平低，技术素质不高；（11）使用单位违法制造、安装、使用等。

二、管理方法探讨

通过以上对特种设备事故发生原因的分析，结合有关特种设备事故调查的情况，发现特种设备事故具有以下特点：

（1）任何特种设备事故都与责任相关。这种责任无论是使用单位的主体责任也好，政府职能发挥也好，都是责任不到位、隐患整改不到位的必然反映。（2）任何特种设备事故都与违法、违章有关。特种设备安全的各项规章制度是用生命和鲜血换来的。违法制造、非法安装、违章使用，不按规定检验，特种设备操作人员不按章作业，都是违章、违法的具体表现。

针对以上特点，就充分发挥政府职能，把特种设备安全监察工作落到实处，特提出以下使用管理办法：

一是以落实报检制度为突破口，强化企业的主体责任。现在有相当一部分企业没有落实安全主体责任或落实不到位。最明显的是对使用的特种设备或到期应检的特种设备不报检，致使大量未检的设备还在使用，造成事故隐患。为了确保特种设备检验率，检验机构以往采取催检的办法督促企业检验。这样做一方面增加了检验机构的工作量，使本来就少的人员显得更加紧张；另一方面又容易淡化企业的主体责任，形成一种错觉，好像检验机构是为了挣钱而去求着企业检验。因此，应以落实报检制度为突破口，加大《特种设备安全监察条例》的宣传力度，让广大企业明白不报检是违法行为，以提高企业的主体责任意识。在广泛宣传的基础上，对仍不报检的企业要坚决查处，最终使报检制度成为企业的自觉行动。以此来带动企业全面落实主体责任要求。

二是以排查消除事故隐患为重点，强化安全监察力度。特种设备事故的发生不是偶然的，往往是大量的事故隐患造成了事故的发生。因此，安全监察工作的重点要放在对事故隐患的排查消除上。尤其对危化品生产、使用企业、起重机使用单位、电梯和大型游乐设施使用单位及在用的压力管道要加大安全监察力度。这里需要强调的一点是对排查出的隐患，一定要督促企业整改到位，决不能查出问题后放手不管。尤其对重点单位、重点部位、重点岗位和重要特种设备存在的事故隐患，要及时下达安全监察指令书，并及时检查落实指令书的情况。对整改不到位的，要加大督查力度；对拒不整改的，要坚决依法查处。安全监察、检验检测、区域监管、行政执法机构要密切配合，形成排查消除事故隐患的整体合力。对事故责任单位和责任人员要加大处罚力度，决不手软，以切实保障特种设备的运行安全。

三是要坚持从源头治理的工作思路，建立完善事故隐患消除机制。在现场监察和检验工作中要明确内容、规范行为、完善记录，对发现的隐患，要坚决依法处理。对难以处理的重大安全隐患，要及时向当地人民政府报告并提出消除事故隐患的建议。要将隐患排查、专项整治与电子监管和四位一体动态监管体系建设一并推进，既要消除严重威胁特种设备安全的各种隐患和问题，又要落实治本之策，加快推进动态监管体系、安全责任体系和应急救援体系的建设，努力形成特种设备安全监管的长效机制。

四是突出工作重点，确保工作到位。进一步加强特种设备安全监察工作的规范化管理，深化以制度管人、以流程管事的工作机制，严格按照法规规章和规定，对特种设备安全监察、检验检测各个环节的工作进行细化规范，建立健全和认真落实各项规章制度，确保依法监察、依法检验的实现。

五是推进体系建设，促进企业安全主体责任落实到位。要积极争取当地政府对特种设备安全监察工作的重视、支持，扩大特种设备安全监察部门与安监、环保、经贸、交通、教育等部门的结合点，实现政府部门协调联动促进特种设备安全工作的同时加大安全监察、检验、行政执法、区域监管等部门的密切配合，促进四位一体机制的进一步完善，形成安全工作的部门合力。特别要把强化企业安全主体责任当作重点，通过监督检查、行政执法等有效方式，督促企业加强安全管理，把"三落实，两有证，一检验"的工作制度落到实处；要不断推进特种设备的电子监管、视频监管，扩大与企业安全管理的结合面，通过特种设备信息化平台，为生产、使用单位开展有针对性的政策服务，提高企业自我管理的有效性。

六是抓好队伍建设，提高安全管理工作人员素质。特种设备安全管理工作关键在人，要让每一个从事安全管理工作的人员必须具有大局意识和整体观念。这就要求建设一支坚持原则、严格把关、严谨细致、精益求精、严于律己、作风过硬、吃苦耐劳、能打硬仗的特种设备监察队伍。这是因为无论是制造许可、使用登记、人员考核还是检验把关，必须做到有法必依、执法必严，否则就会留下事故隐患。这就要求这支队伍必须坚持原则，严格把关特种设备安全，涉及各个环节，往往一个小小的失误，都可能酿成严重后果，这就要求必须严谨细致对待；特种设备安全监察、检验工作专业性、技术性极强，需要在技术层面发现问题、解决问题，这就要求必须提高技能，精益求精；特种设备安全许可和行政执法是法定职权，权力越大，责任越大，这就要求必须严于律己。总之，特种设备队伍只有做到责任心特别强、业务素养特别高、工作作风特别实，才能切实把特种设备安全工作做好。

七是抓好抓实区域监管，充分发挥区域监管人员的作用。区域监管的特点是大网络、全覆盖、无缝隙。通过区域监管就可以达到一个目标，即灭盲点、除死角完善两个网络，即信息化网络和组织网络；做到三个及时，即设备及时登记、及时检验、及时消除事故隐患。由此可以提高特种设备安全监察的有效性。

综上所述，通过实施以上管理措施，这些管理措施是实用可行的，特种设备事故率将会明显减少，对防止和减少特种设备事故的发生有着很好的效果。因减少特种设备安全事故的管理方法很多，这就要坚持因地制宜、实事求是，才能达到事半功倍的效果。

第五节 特种设备的隐患管理

一、特种设备事故分析

随着改革开放政策的实施，我国的经济得到了大量的发展，在这种情况下，特种装备的使用数量逐年上升，到了当前阶段，我国特种设备的总数量已经超过了1000万台，在这种情况下，其就会出现各种安全问题，造成严重的人员伤亡以及财产损失。造成这些事故发生的原因有很多，主要集中在设备的使用阶段，占据事故发生数量的三分之二以上，在设备的使用过程中，由于人员的操作不当或者是对设备的管理不当都会出现安全事故。而除了这些原因外，设备在制造的过程中存在问题也会导致其出现安全事故。

二、特种设备的安全形势

（一）特种装备的使用无法满足人们的质量安全需求

在这一安全形式中主要体现在人们的生活中，因此就以电梯为例来进行说明。在我国当前阶段，随着社会的发展，建筑的高度不断提升，电梯的使用量在逐渐增长，据统计，在2015年我国的电梯使用数量已经超过350万台。在这种情况下，电梯的安全事故就时有发生，虽然对其进行了一定的控制，但是人们对电梯安全问题的满意程度还不是很高，时常会出现对电梯安全问题的抱怨，每当出现电梯事故时，人们就会产生高度的重视，尤其是在去年，电梯的安全事故更加的明显，在10月末到11月初的半个月内就连续发生了8起安全事故，引起了社会的广泛关注。

（二）特种装备的监察无法满足特种装备增长的客观需求

在我国特种装备刚刚起步的阶段，由于使用的数量不多，在相关部门对其进行监察的过程中，任务量不是很多，每个工作人员只需要对50台设备进行检查工作，而随着社会的不断发展，在当前阶段，特种设备的使用量增长了20多倍，但是在这种情况下，监察人员的增长不是特别的明显，工作量得到了大量的增加，使其不能对设备进行有效的监察工作，这就导致在当前阶段人机之间出现了严重的矛盾，并且还对监察部门造成了一定的影响，使其工作人员出现不稳定的状况。

（三）特种装备的监管制度满足市场经济的安全发展需求

随着我国社会经济的不断发展，以经济体制为基础建立了相应的特种设备安全监管制度，随着这项制度的建立，一定程度上降低了我国特种设备的安全事故。但是在我国经济快速增长下，我国的经济体制在不断地完善，当前的监管制度已经不能满足需求，不能跟上时代的步伐；同时在当前阶段，没有对特种设备安全工作进行有效的制度设计，不能对未来进行研究，各种体系依然不健全，造成了监管制度不完善的现象。

三、改善对策

（一）完善相关的法律法规

随着特种事故的频繁发生，国家对这一问题产生了一定的重视，颁布了一些制度来对这一问题进行改善，如《中华人民共和国特种设备安全法》《中华人民共和国安全生产法》《特种设备作业人员监督管理办法》等，这些法律法规的出台，在一定程度上控制了特种设备事故发生的概率，从2010年起安全事故的数量逐渐地下降，但是安全事故还会时常的发生，每年还会有将近300起的安全事故发生，这就体现出了法律法规中还存在着一些不足。因此，在当前情况下，就需要国家对这一问题的法律产生足够的重视，加强对其研究、完善，同时，还可以借鉴国外一些先进的法律制度，结合到我国的制度中，形成适合我国发展的法律制度，更好地对特种设备进行管理。

（二）加强特种设备生产过程的管理

特种设备的质量在其使用的过程中起到了重要的作用，因此，就需要对生产过程中的每一个环节进行加强。设计环节中一定要按照国家的标准来设计，在设计完成后，国家的相关部门必须要对其进行严格的审查，审查合格后才可以进行制造。在制造过程中，要对制造人员、制造设备以及管理方式进行严格的要求，保证制造出的设备符合相关的安全质量标准。而一些设备需要安装才能使用，在安装完成后，要对其进行试运营工作，在试运营合格后方可正式对其进行使用。

（三）增强工作人员的综合素质

在特种设备使用时，工作人员起到了重要的作用，而在人员进行操作时，往往存在不安全行为，这时就需要对其进行培训，不仅将其存在的问题改正，而且还使其专业技能得到提高。同时，建立相应的考核制度，定期对工作人员进行考核，对考核不合格的员工进行一定的处罚，加强其进行培训的意识。

在当前社会快速发展的阶段中，随着社会不断地发展，各行各业中使用的特种设备还会不断地增加，就会出现更多的安全问题，加强对特种设备安全形势研究具有重要的意义。

第六节　物联网的特种设备管理

随着现代科学技术的发展，特种设备在人们日常生活中的应用越来越广泛，但是若是没有对其做到很好的管理，那么就非常容易给人们的人身安全带来极大的危险。在我国现代的特种设备建设、设计和安装的时候，各个环节越来越多，相关的管理工作也变得越来越复杂。在其中信息无法得到很好的共享，这就导致相应的管理工作也变得困难起来。随着现代信息技术的发展，人们开始研究物联网在特种设备安全管理中的应用。

一、物联网的概念

物联网技术主要就是通过一定的技术设备把物品和人们进行有效地联系起来，通过这样的方式可以很好地加强人们对物品的管理。物联网的技术主要就是把现代的信息技术应用到大量的物品上。

物联网实现了物与物、物与人之间的信息交互，在使用物联网这项技术的时候，最为主要的一点就是对传感器的应用，其根据生物传感器的相关原理发明出来的。其中包含有无线射频技术和嵌入技术，通过这些技术的应用，设备在对物品进行自动识别方面有着非常好的帮助作用。物联网技术的使用主要就是对各种物品进行识别，无论是对静态还是动态的物品都可以做到很好地识别，当然在进行识别的时候，对于静态的物品更加容易识别，这主要就是通过传感器的使用来实现。然后把其中获得的信息传输到计算机上对数据进行处理。简单来说，通过传感器技术对人们日常使用的特种设备进行探测，然后把相关传输到人们使用的电脑或者手机上，从而方便人们对这些特种设备的管理。这样可以使管理变得更加自动化和智能化。

二、整体安全管理方案的设计

在对特种设备进行安全管理的时候，主要就是为了保证特种设备在制造或者运行的时候可以做到很好的监督和管理，保证整个过程的安全。其中主要就是保证设备的质量和其良好的运行状况。在对特种设备进行监督管理的时候，首先要做的就是对设备的质量做到很好的检测和维护，特别是要关注设备的生产日期和合格标准之类的。同时还要对其中的相关检测信息做到很好的掌握。安全管理工作主要就是对特种设备进行监督和监测，所以在管理工作中，若是各种信息都只靠人力来完成，那么人们很难做到完全准确的检测，同时还使得信息无法做到及时的共享，最终导致管理的水平不是很高，对于特种设备其中存在的问题无法做到及时的发现和解决。

随着现代科学技术的发展，物联网技术发展迅速，而且很快就被应用到特种设备的安全管理当中。物联网主要就是把各种识别设备安装到特种设备上，对其做到实时的监控和信息交换，通过物联网技术可以对物品进行跟踪监督。而且物联网可以通过使用红外线电子标签技术对特种设备的生产和使用等都做到很好的管理。物联网可以把其中各种信息做到有效的收集和整理，人们在进行管理工作的时候，只要对信息进行管理就可以了。

三、物联网在特种设备安全管理中的具体应用

在许多的信息公司都通过采用物联网技术开发了不同电梯安全管理系统。本节主要就对物联网在电梯设备安全管理中的应用做简单的介绍：

在对电梯进行管理的时候，在电梯顶部和机房内部安装相关的终端设备，然后把收集到的各种状态和运行信息直接反映到物联网管理的平台，在这个平台上可以对获取的信息做仔细的分析，从而保证整个监控系统安全地运行。物联网在进行具体应用的时候，就是在电梯中安装好相关的传感器，通过这个设备可以对电梯到达顶部、底部或者停电之后电梯中人们的情况做到很好的探测，从而收集到相关的信息，然后把这些信息直接传输到信息管理平台。管理平台的人员可以将电梯的运行情况直接告诉在现场的电梯管理人员，从而让他们及时地采取相应的措施。比如对电梯的维护和保养之类。相关的管理工作人员可以通过手机联网对整个电梯的运行做到实时的监控，有效地提高物联网安全管理的水平。

电梯卫士在对电梯进行管理的时候，可以做到远程监控、安全警报和维护管理等。其主要是通过网络信息传输技术和人们的智能手机有效地结合起来，对电梯中安装的相

关传感器发出的信息做到有效的接受,从而对电梯设备进行监控和管理。这项设备系统可以对电梯在每个楼层的停顿、开门的状态和整体运行的速度都做到有效的控制,通过这样的方式,可以很好地提高人们安全管理的效率。

在电梯的安全预警方面,通过物联网可以制定出相关的安全预警机制,在面对电梯发生故障的时候,可以对其出现的故障做到很好的分析,然后对其危险程度做到分级报告。这样电梯一旦发生故障,整个监控平台就会立马进行报警,若是问题没有得到及时或者很好的解决,警告情况就会升级,直到人们对电梯中存在的问题做到彻底处理为止。在电梯使用的时候,安全管理系统会对整个电梯的运行和维护情况做到很好的整理和分析,从而保证电梯的直接管理工作人员对电梯进行有效的管理。

随着现代网络信息技术的不断发展,物联网在现代社会的发展中得到了非常广泛的应用,在对特种设备安全管理的时候也得到了很好的应用。本节主要就是对物联网技术在电梯设备中的安全应用做了相关的介绍,对其中存在的问题和安全管理的方式以及相关设备的安装与使用都做到了仔细的分析,通过这样的管理方式,很好地保证了人们的人身安全。

第七节 核电厂特种设备的安全管理

核电机组由一回路系统、二回路系统、汽轮机及其辅助系统、发电机和输配电系统、消防系统、外围辅助系统等系统设备组成,每个系统设备的安装、调试、运行、检修等环节,都离不开电厂特种设备的支持。核电站特种设备不同于普通设备,它既是生产工艺系统中必不可少的设备,又是与安全紧密相关的设备。《放射性污染防治法》和《民用核设施安全监督管理条例》中明确将整个核电厂定义为核设施,而《中华人民共和国特种设备安全法》和《特种设备安全监察条例》的适用范围中又明确不适用于核设施使用的特种设备,给核电厂安全管理带来诸多不便。本节将以秦山核电为例,研究探索核电厂特种设备的安全管理情况。

一、核电厂特种设备种类及数量

秦山核电有四个生产单元9台核电机组,装机容量从30万千瓦到100万千瓦不等,堆型包括压水堆、重水堆,建造安装、生产调试及运行检修所用到的特种设备种类多、数量大、分布广、技术工艺复杂,目前在用特种设备种类包括锅炉、电梯、固定式起重机械、移动式起重机械、压力容器、压力管道、厂内专用机动车辆等，每个种类的特种设备又包括多种类别，每种类别下又包含多个品种，且同一品种的特种设备，其制造厂家也不相同。

二、秦山核电特种设备安全管理现状

为加强秦山核电特种设备安全管理，防止和减少事故，保障从业人员的人身安全及财产安全，依据《中华人民共和国特种设备安全法》和《特种设备安全监察条例》等法律法规的规定，公司制定了《特种设备安全管理》（IS-QS-330）管理程序，建立岗位责任、隐患治理、应急救援等安全管理制度，明确职责、落实责任。根据特种设备管理的各个环节和公司各部门的职责分工，特种设备相关的部门包括特种设备管理部门、维修部门、使用部门和安全监督及对外接口部门等。

三、核电特种设备分类管理初探

为尽可能使核电厂特种设备受市场监督管理局特种设备安全监察部分监管，秦山核电与地方监管部门、特检机构协商，尝试特种设备分区分类管理。

《中华人民共和国特种设备安全法》和《特种设备目录》中明确的特种设备，其安装、使用、维护、维修、变更、检验等应遵照国家相关要求，并制定专门的管理制度进行管理；对于《特种设备目录》以外的设备，由设备管理部门根据相关要求制定相应管理制度并自行管理；

对于设施设备符合《特种设备目录》的定义，但不在《中华人民共和国特种设备安全法》适用范围内的设备，如辐射控制区内起重机械，公司参照特种设备进行管理，并依照特种设备检验要求进行委托检验；

对于设施设备符合《特种设备目录》的定义，但不在《中华人民共和国特种设备安全法》适用范围内，且这些设备的日常维护保养等无法依照特种设备安全管理要求执行，如核岛厂房内的电梯、环吊，其维护保养、定期检验等工作由公司内部自行开展，由设备管理部门负责管理；

根据核设施的定义及《特种设备安全法》第一百条和《特种设备安全监察条例》第三条的规定，系统工艺相关的压力容器、压力管道，不按《特种设备安全法》及《特种设备安全监察条例》相关规定进行注册登记，由公司设备管理部门自行管理；设备管理部门对照国家法律法规梳理并制定公司系统工艺相关的压力容器、压力管道管理办法，管理要求不低于法定要求。

四、核电厂特种设备管理存在的风险

对于核设施与非核设施的界定不明确，部分特种设备无法实施法定检验。《中华人民共和国放射性污染防治法》和《中华人民共和国民用核设施安全监督管理条例》均明确定义整个核电厂为核设施，对照《中华人民共和国特种设备安全法》第一百条"军事装备、核设施、航空航天器使用的特种设备安全的监督管理不适用本法"和《特种设备安全监察条例》（以下简称《条例》）第三条"军事装备、核设施、航空航天器、铁路机车、海上设施和船舶以及矿山井下使用的特种设备、民用机场专用设备的安全监察不适用本条例"之相关规定，监管单位和检验机构认为核电厂属核设施，《特种设备安全法》和《条例》不适用于核电厂所使用的特种设备。目前协商选择性的适用《中华人民共和国特种设备安全法》，地方监管单位对于涉核设备不监管，进行委托检验的特种设备，特检院仅出具委托检验报告，不发放检验合格证，检验权威性大打折扣，导致电厂特种设备安全管理风险提高。

常规岛压力容器压力管道参照相关标准自行管理。压力容器、压力管道、压力管道元件、安全附件等作为特种设备，按照《特种设备安全法》和《特种设备安全监察条例》相关规定，必须进行注册登记并定期进行检验，合格后方可继续使用。但目前电厂常规岛所有压力容器及压力管道，由于历史原因，无法进行注册登记，电厂参照或依据《特种设备安全法》《固定式压力容器安全技术监察规程》《承压设备无损检测》《压力管道安全技术监察规程——工业管道》《在用工业管道定期检验规程》等法律法规进行自行监督管理，存在较高管理风险。

委托检验成本高、落实检验不确定因素多。辐射控制区设备采取委托检验，非强制检验，检验员"谈核色变"不愿进辐射控制区；设备委托检验的费用是由电厂与特检院约定确定的，无统一收费标准，给电厂检验费用预算、支付带来一定风险。

核电厂特种设备的安全管理是一项系统工程，虽然特种设备的种类、结构、用途和工矿条件不尽相同，但其管理具有相似的特点。长期以来，秦山核电实施有效的管理措施，积极探索多种形式的管理模式，在法律法规最大适用情况下，展开规范管理。

第六章　起重特种设备的发展与管理

第一节　特种设备起重机检测技术

　　特种设备在目前的生产和生活当中有着较为广泛的应用，因为特种设备的使用危险性较大，会涉及生命安全，所以国家在特种设备的生产和制造方面进行了比较严格的规定。就现阶段的特种设备使用分析来看，其中重要的一类是机电类特种设备，此类设备的使用需要和起重机进行结合，因此起重机的故障问题会直接影响到设备安全。为了提升设备利用的安全性，在特种设备的使用中进行起重机的检测十分重要，因此分析具体的起重机检测技术，并针对起重机使用分析技术的合理性可以帮助起重机的检测实现准确。简而言之，在特种设备的使用中分析起重机的检测技术具有现实意义。

一、无损检测的定义及其特点

　　无损检测是目前特种设备利用中对起重机进行检测的主要方式，而要想更好地利用此种检测，需要对其概念和特点有详细的了解。

（一）无损检测的定义

　　所谓的无损检测指的是没有破坏的检测，即在检测的过程中在不对检测物原有的状态、物理特性以及化学性质等产生任何影响的情况下对检测物的性质以及特征情况等进行情报采集。就目前的特种设备利用中的起重机检测来看，因为起重机的物理或者是化学性能但凡发生一点改变，其具体的状态和工作安全性都会受到较大的影响，所以其检测不能对起重机产生任何的影响。基于这样的检测要求，在起重机的检测中，必须要使用无损检测技术，只有这样，才能在不影响起重机工作状态的情况下获得想要的检测结果。

（二）无损检测的特点

　　从无损检测技术的具体利用来看，其和传统的检测技术相比具有四个方面的显著特点。第一是无损检测技术具有非破坏性。传统的检测技术对于检测物或多或少会产生一点损坏，这会造成被检测物的性能变化，而无损检测技术不对被测物产生任何破坏，所以其影响为零。

第二是无损检测技术具有全面性的特点。和传统的检测技术相比，这种检测技术的检测更加的全面，所以获得的情报数据会具有更强的综合性。

第三是无损检测技术具有全程性。在无损检测技术利用的过程中，检测不会出现临时中断，整个检测过程的完整性较强，所以数据情报获取的准确性更高。

第四是无损检测具有更高的可靠性。从实际利用来看，无损检测技术的数据获取更加的便捷，而且其精准度更高，因此数据的准确性比较强。有了准确的数据，检测的可靠性自然得到了提升。

二、特种设备中起重机检测技术分析

在机电类的特种设备利用中，起重机的具体工作状态对其的安全性和效率性有着重要的影响，所以强化对起重机的检测能够更好地把握特种设备的使用安全。在目前的特种设备起重机检测中，无损检测技术的利用已经十分的普遍，但是具体的技术方式存在着较大的不同，因此对于不同的检测方式进行分析可以更好地选择合理的检测形式。

（一）射线检测

射线检测是起重机检测当中利用较为普遍的一种技术，在技术利用的时候，一般会使用 X 射线对被检测物进行穿透，然后根据射线穿透的时间等对被检测物的基本情况进行了解。举个简单的例子，起重机的焊接材料应该要具备均匀性和一致性，各项的参数也有着相应的标准。按照以往的思维，穿透质地相同的材料，X 射线的时长是一致的，如果发现射线穿透材料的时长存在着差异，则表明存在差异的射线穿透区域存在质量上的问题。其实就目前的射线检测利用来看，其主要用于检测起重机的焊接接缝，因此其使用大都是在起重机利用之前，而在使用中的起重机，使用射线检测的方式效果并不理想，所以此种检测方式只能在起重机利用之前的质量控制中使用。

（二）超声检测

超声检测也是一种应用比较广泛的无损检测技术，此种检测技术在材料对接和角接焊缝的内部缺陷检测中具有比较突出的效果，因此在起重机的焊缝质量检测当中，这种方法的使用频率比较高。在此技术的具体利用中，超声波探头的选择具有重要的作用，一般来讲，探头选择要根据板厚和焊接的形式，而一般采用的都是 K 值比较适当的斜探头。在具体使用中，斜探头需要安置在垂直于焊缝的中心线检测面上，并对焊缝的两侧进行扫查，这样，检测的全面性和质量性效果可以实现。从此技术的具体使用来看，其在角焊缝检测当中的使用最为突出，而在角焊缝检测的时候，有五种方式可以进行选择：一是接板内侧直探头的检测。二是主板内侧直、斜探头的检测。三是接板外侧斜探头的检测。四是接板内侧斜探头的检测。五是主板外侧斜探头的检测。在超声波检测技术的利用中，缺陷的评定要以腹板的厚度为准。

（三）磁粉检测

在起重机的检测当中，一项重要的内容是对表面和近表面的裂纹进行检测。从实际利用来看，因为起重机在安全方面有着重要的价值，所以无论是起重机的钢结构还是其零部件的焊缝，均要实现无裂纹。在起重机的制造中，钢材是其最基本的材料，而磁粉检测对于钢材的检测效果较为突出，因此作为一种重要的无损检测技术，其在起重机检测当中也被广泛地利用。

在进行起重机磁粉检测时候，首先要做的工作是将接受检测的表面进行彻底的清洁和干燥，从而将表面存在的影响检测结果的油脂、铁锈、氧化皮等物质清除。在清除的过程中，打磨是重要的处理方式，一般需要将表面打磨至要求的标准后才可以开始进行磁化。在检测中，为了更好地反映检测的结果，需要使用灵敏度比较高的荧光磁粉，这样检测分析会更加的准确。

（四）渗透检测

在起重机的检测当中，最为主要的检测内容是裂纹，而表面开口的裂纹对起重机的安全影响最大，因此需要进行重点的关注。从起重机的检测实际分析来看，有时候在起重机材料、形状结构限制的影响下，一些磁探仪是无法准确获取部分零件资料的，所以为了达到全面检测的目的，必须要使用其他的检测方法，渗透检测就是运用到的一种重要方法。和磁粉检测一样，在渗透检测利用之前，被检测物表面也要进行全面的清洁处理，从而保证表面的光滑度。在具体的技术利用中，渗透检测会经历清洗、干燥、渗透显像等环节。这些环节的完善性把握能够提升检测的效果。同样，为了获取更好的结果，使用灵敏度更高的荧光渗透剂十分的必要。

（五）电磁检测

在起重机的检测当中，电磁检测的利用也较为普遍。从具体的利用来看，此种检测方式可以应用于起重机不同部位的检测，当然，在不同的部位，此检测技术的具体利用会表现出差别。比如在起重机表面的漆层检测中，利用的是涡流的提离效应，在这种效应的使用下，漆层的膜层测厚目标得以实现。在起重机的裂缝检测中，主要利用电磁场进行金属试件的局部磁化，然后在交变磁场的作用下，感应电流会产生，在感应电流的基础上，感生磁场也会形成。利用磁场信息可以准确地获取裂纹的缺陷信息。电磁检测在具体的利用中，对钢丝绳也可以实现检测，可以说此种方法的全面性更强、利用的综合效益更高。

（六）声发射检测

声发射检测在起重机的检测当中也有着重要的应用，此技术利用的时候都会选择起重机的关键性部位，一般是设计上应力较大的部位或者是在使用中容易发生腐蚀、裂纹的部位进行传感器的安装。在对起重设备施加动载或者静载的时候，起重机当中存在缺陷的部位会产生声发射信号，这些信号携带着缺陷部位的具体信息，所以将信号进行分析和处理，起重机存在的具体缺陷以及缺陷发生的部位会更加的明确。从具体的利用来看，声发射检测的效果比较好，但是在实际操作中，其步骤相对烦琐，因此在专业性方面的要求比较高。

从上文的总结分析发现，特种设备当中的起重机检测需要使用无损检测技术，最终的检测效果才能达到预期的目的。又因为不同的无损检测技术具有不同的优势，因此在具体技术选择的时候需要考虑技术的特点和优势。比如在起重机利用前进行检测，射线检测的效果比较突出，但是要在使用中进行检测，电磁检测以及超声波检测的效果会更佳，综合效益也更好。

第二节　特种设备起重机安装施工要点

一、基础梁施工技术控制要点

施工技术控制要点有以下几个：①需要全面根据技术交底进行测量放样。②由于沟槽施工作业平台较小，各个工序之间紧密衔接，因此，在开挖沟槽时需要全面分析和考虑机械开挖便利性和支立模板的要求，根据测量中心点两侧 50 cm 处设置边线，并使用石灰进行界线强化处理，使挖机能够按照边线进行开挖。在控制开挖深度时，需要将其设置在基础梁底面标高的 5 cm 之下，并在开挖之前做好集水井和排水沟的处理工作。③在完成沟槽开挖之后，需要立即对基底标高进行测量，在明确清理高度之后需要及时基底清理工程。如果基底标高不足，则需要进行同级土回填操作。完成清理之后，需要将基底标高设置在基底设计标高之下，这样才能确保埋设深度，之后复测基底位置，避免基底出现偏位现象。在检测合格之后，再进行下道工序。④在进行基础梁砼施工之前，需要使用钢刷清理钢筋上的淤泥，之后使用胶带对螺栓丝扣进行缠绕保护。需要使用 C30 商品砼作为基础梁混凝土材料，在较低温度条件下进行施工时，这样能显著降低混凝土入模温度，尽量一次性完成基础梁混凝土浇筑。根据砼配合比设计进行施工，在拌和站对砼进行集中拌和，使用罐车运输混凝土。在进行砼浇注前需要清除沟槽内部杂物，使用清水对模板进行冲洗，再次检查预埋螺栓和钢筋。在灌注砼时需要按照"从低往高"的原则进行，确保水平分层。如果卸落砼高度在 2 m 以上，则需要安装溜槽，这样能够避免砼过高降落出现离析现象。需要使用插入式振捣棒进行振捣，将分层厚度控制在 10 cm。按照直线行列控制振捣棒插入深度，间距需要小于作用半径的 2/3，在振捣期间尽量避免振捣棒碰撞钢筋。在开启振捣棒之后就可以插入砼内，在振完之后需要缓缓上提，禁止出现过快提拔的情况，进而避免出现孔洞。振捣棒在插入下层之后能够连接两层。判断振捣合格率主要是通过指标，即砼停止下降并无气泡、表面无翻浆现象。在浇筑砼时，需要确保连续性，空隙时间不能超过规定范围。⑤在砼面初凝之后，需要使用粗抹光机进行抹光处理。边角等死角部位无法使用抹光机，则需要使用木抹子进行抹光处理，磨平不光滑部位和石子凸出部位，之后需要使用靠尺板对砼面平整度进行检查，满足标准要求之后需要使用木抹子进行人工抹光处理。

二、轨道安装

轨道安装过程分为以下几步：①在检查承轨梁高低差时，需要应用水平仪，测量点为柱子。当两轨全程高低差在 15 cm 以上时，需要重新使用水泥找平承轨梁。在 15 cm 以下时，则需要使用钢板垫平轨道。②按照实际测量结果绘制承轨梁高低曲线。按照承轨梁高低曲线可以求解出加垫钢板的数量和厚度。③在制作加垫钢板时，宽度需要大于轨道压板宽度，可以进行宽度厚度叠加处理，然后将其焊接为一个整体，之后与轨道钢垫板焊接。④检查轨道安装材料与轨道是否相符。⑤对轨道进行校直处理。⑥吊放钢垫板和轨道，设置上压板螺栓。在对轨道精度进行调整和检测时，完成装车和轨道安装之后，需要将车挡安装至轨道两端，等到起重机安装完成之后再安装其他车挡。⑦完整轨道安装后，需要对轨道安装误差进行测量和计算，制作图表留存。

三、台车和支腿吊装

门式起重机的支腿工作状态属于倾斜状态，因此，导致吊装也呈现倾斜状态，相比垂直吊装形式来说，倾斜状态下提升了拴钩和精确对位的困难程度。因此，需要优先选择滑移法和旋转法进行吊装。

（一）吊装地梁台，固定吊点

使用汽车吊装地梁台车置于轨道基准线，之后对距离进行调整，固定地梁台车。

（二）选择吊点

起吊后，需要将支腿轴线倾斜到设计状态，这就意味着要将支腿下口平面与下横梁进行平行安装，便于安装和调整。

（三）调整支腿位置

在进行调整时，需要确保下横梁与支腿之间的垂直度和重心要求。确保两支腿上口法兰平面的标高等于安装基准线，将跨度误差控制在标准误差之内。

（四）稳固支腿

当安装支腿于下横梁之后，应当使用斜撑方式固定下横梁和支腿，保障主梁吊装的可靠性和安全性。然而，由于在布置斜撑时不会对主梁吊装作业空间造成影响，因此，需要精确估算缆风绳夹角、数量、斜撑角度和长度等。

四、主梁吊装

按照现场实际情况进行测量，需要按照起重机所需过梁半径进行单根主梁吊装，确订 2 台汽车吊站定部位，在地梁两边设置靠近运行地梁处设置两主梁，防止主梁起吊就位时增加汽车起重机工作半径。

在起吊之前，需要对机具的布置连接以及捆扎等进行全面检查，在确保无安全隐患之后再吊装主梁。将主梁提升离地 15 cm 左右时，需要在空中静悬 7 min 左右，并且对机具可靠性和安全性进行查看之后再逐渐将主梁提升到一定高度，控制在支腿上口 7 cm 以上高度。同时，还需要将两汽车起重机大臂抬起，并且将高度调整到主梁到支腿上接法兰处位置。分别派遣 2 人指挥 2 台流动式起重机，配合于其他起重工作。在起吊后不管处于何种起吊高度，都需要确保主梁两端平衡。在主梁超过支腿上法兰 75 cm 高度处能够对位，此时，需要慢慢将主梁降下，将其位置设置在接近支腿上法兰处，并在法兰螺栓孔中穿入斜销导向，使主梁与支腿法兰螺栓也处于对中线定位状态。

按照实际情况进行调整之后，需要将主梁下降到支腿上，根据规定力矩和顺序，需要使用力矩扳手对螺栓进行安装紧固处理，并使用起重机将主梁拱架吊装在主梁上法兰上，按照以上方式紧固螺栓。在测量整机安装精度时，需使用仪器设备进行检查，如果发现不合格项目，需要及时进行调整，直到其满足标准规定之后要将支腿稳固件拆除。

综上所述，安装特种设备起重机属于危险性较高的工程项目，在实际安装期间具有较大难度，且在精度方面也具有严格要求，会涉及较多作业工种，因此，需要做好配合和协调工作，对安装施工人员的专业素养和安装技能方面也具有严格规定和要求。本研究主要是分析研究门式起重机安装工程，系统化地分析特种设备安装工程的施工和管理技术，希望能够对特种起重机的安装有一定的参考价值。

第三节 高速铁路起重机械特种设备管理

特种设备的使用数量及其运行的安全状况与企业发展水平息息相关，其拥有的数量在一定程度上反映了一个企业的经济发展状况，其使用的安全状况也反映了一个企业的管理水平。公司的起重设备安全状况与先进企业相比，还有一定的差距，主要原因是起重设备使用操作人员，在思想上还没有足够重视安全生产，存在违章操作事项，同时现阶段各使用部门对民用特种设备的使用维修和保养力度还没有达到管理的要求。

铁路起重机械特种设备自身质量的优劣、使用安全技术状况的好坏严重威胁到国家财产和人民群众的生命安全，国家特种设备安全监察管理机构负责铁路起重机械特种设备在设计、制造、安装、使用、检验、维修、改造等七个环节的监察管理工作。其中安全使用环节是特种设备管理的核心。为确保铁路起重机械特种设备的使用安全，铁路起重机械使用企业应当严格执行有关安全生产的法律法规。下面笔者从铁路起重机械特种设备的安全使用方面，结合实际工作经验，谈谈特种设备安全管理的几个观点。

一、制定安全生产责任制和各项管理制度及规程

安全生产责任制是经过长期的安全生产、劳动保护管理实践证明的成功制度与措施，是生产经营单位和企业岗位责任制的一个组成部分。根据"管理生产必须管安全"的原则，安全生产责任制综合各种安全生产管理、安全操作制度，对生产经营单位和企业各级领导、各职能部门、有关工程技术人员和生产工人在生产中应负的安全责任明确规定。如果没有健全的责任制，就无法将责任落实到人。公司成立以总经理为第一责任人的安全生产领导小组，建立以公司机关、分公司（子公司）、施工项目部、三级安全生产管理组织机构，各级分别设置铁路起重机械特种设备安全管理员。各层级之间既要分工明确，又要密切配合，共同推动铁路起重机械特种设备的四个标准化管理建设（管理制度标准化、人员配备标准化、现场管理标准化、过程控制标准化）。

此外企业必须制定以岗位责任制为核心的特种设备使用管理制度，如各级岗位责任

制度、维修保养制度、设备使用过程中的常规检查制度、各项安全操作规程等。对使用设备实行"三定三包"制（定人、定机、定岗；包使用、包养修、包保管），多人操作的大型设备实行作业队长负责制，关键操作人员应相对稳定。多班轮做的设备应执行交接班制度。健全的管理制度是实现企业目标的有力措施和手段。它作为员工行为规范的模式，能使员工个人的活动得以合理进行，同时又成为维护员工共同利益的一种强制手段。因此，健全的企业管理制度，是企业进行正常经营管理所必需的，它是管理好铁路起重机械特种设备强有力的保证。

二、加强设备定期检验

定期检验制度是特种设备管理的一项基本制度，铁路起重机械的使用单位，应当按照特种设备《特种设备安全监察条例》的定期检验要求，在设备安全检验合格有效期届满前1个月内，向取得资格的部门提出定期检验申请，并把定期检验情况报当地特种设备安全监察机构备案。通过定期安全检验，可以尽早发现和消除安全隐患，将事故扼杀在萌芽状态，同时也可以增加设备的使用寿命，提高使用单位对设备管理、使用的重视程度，具体做法如下。

（一）制订定期检验、维护计划

每月设备使用单位应组织设备管理人员进行一次自行检查，然后结合公司年度大、中修计划，根据特种设备年度检验情况，编制年度定期检验计划。自行检查和维护时发现异常及时处理，并做好记录；维护、检查计划的内容必须包含对特种设备的安全附件、安全保护装置、测量调控装置和附属仪表进行定期校验、检修，确保在用设备在强制检验周期。例如，在用起重机定期检验周期：塔式、升降机、流动式起重机应每年检验一次；轻小型起重设备、桥式、门式、门座式起重机、桅杆、悬臂式起重机每两年一次。确保铁路起重机械特种设备检验工作按时实施。

（二）落实定期检验计划

根据制订的定期检验计划，如发现有检验周期到期的设备，应该及时选择有检测资质的检测机构，并主动与检验单位联系，落实具体检验时间和检验有关的工作事项，尽量做到按计划的检验时间停车接受检验单位的检验。

（三）发现问题及时整改并做好相应记录资料

在检验单位查出安全隐患后，根据检验单位出具的检验报告，确定必须立即整改的关键项目，限期予以完成，并对整改情况进行跟踪。对于技术性能符合要求的，要及时做好相关记录并归档；而对于无法及时整改的，则应立即停止使用，及时采取有效措施进行整改。整改自检合格后，再次提请检验单位进行复检，决不姑息迁就，确保设备性能安全可靠。

三、严格执行持证上岗制度

持证上岗指相关人员和设备都要取得相应的合格证书，即铁路起重机械特种设备在投入使用前，使用单位应及时到施工所在地特种设备安全监督检查部门提出检验申请，取得特种设备监督检验合格证后方可使用；铁路起重机械特种设备的作业人员和相关安全管理人员，按照国家有关规定，经安全监督管理部门考试合格后，取得铁路起重机械特种设备作业资格证书后，方可从事相应的作业或安全管理工作。

（一）铁路起重机械特种设备取证并登记使用

起重机械设备使用单位应当使用取得许可生产并经检验合格的设备。相关设备应当符合安全技术规范及相关标准的要求，其设计文件、产品质量合格证明、安装及使用维护保养说明、监督检验证明等相关技术资料和文件应当齐全。起重机械特种设备安装、改造、修理的施工单位应当在施工前将拟进行的特种设备安装、改造、修理情况书面告知直辖市或者设区的市级人民政府负责特种设备安全监督管理的部门。安装完毕之后通过工程所在地特种设备安全监督管理部门的检测，核发检测合格证后，才可以投入使用。特种设备在投入使用前或者使用后30d内，还应向当地直辖市或者设区的市级质检监督部门办理注册登记证，严格履行告知、检验、注册义务。

（二）铁路起重机械特种设备相关管理人员持证上岗

特种设备使用单位应当按照国家有关规定配备设备安全管理人员、检测人员和作业人员，且上述人员必须参加特种设备安监机构组织的培训，并且考试合格获得相应资格证书后方可上岗。严禁无证操作设备。使其掌握基本理论知识，在实际工作中通过理论结合实际最终达到"四懂、四会"（懂铁路起重机械特种设备结构、性能、用途、工作原理；会使用、会保养、会检查、会排除故障）的目的。

四、安全合理地使用起重机械设备

特种设备安全管理工作应当坚持安全第一、预防为主、节能环保、综合治理的原则。铁路起重机械特种设备必须在特定的范围和条件下使用，只有在特定条件和范围内正确合理的使用设备才能确保铁路起重机械特种设备的安全运行。在使用过程中主要采取下面这些措施。

(一)购置合格可靠的铁路起重机械特种设备

铁路起重机械特种设备本体的质量的优劣决定了设备是否能够正常安全运行。特种设备必须从特种设备安全监督管理的部门许可有制造资质的厂家选购;特种设备出厂时,应当随附安全技术规范要求的设计文件、产品质量合格证明、安装及使用维护保养说明、监督检验证明等相关技术资料和文件。

(二)建立铁路起重机械特种设备安全技术档案

铁路起重机械特种设备技术档案是铁路起重机械特种设备管理的技术依据。安全技术档案主要包括:①特种设备的设计文件、产品质量合格证明、安装及使用维护保养说明、监督检验证明等相关技术资料和文件;②特种设备的定期检验和定期自行检查记录;③日常使用状况记录及其附属仪器仪表的维护保养记录;④设备的运行故障和事故记录。

(三)在设备明显位置设置清晰的标识铭牌

起重机械设备的安全运行取决于人员的管理和使用,相关人员的专业素质水平决定了设备的管理水平。应定期对管理和操作人员进行专业技能培训和安全教育,学习特种设备使用方面的相关课程,熟悉有关工作程序和防护措施,提高相关人员的专业知识。基层的设备管理人员是铁路起重机械的直接管理者,担负着向上级主管部门传递设备运行信息的重任,基层管理人员的专业水平直接影响着上级主管部门对设备的决策管理。应学习设备管理专业知识,努力提高管理水平,保证设备的运行状态信息传达及时准确。

起重机械设备操作人员是设备的直接接触者。操作人员应认真做好每天的班前检查记录、设备运转记录、交接班记录;应坚持定人、定机、定岗"人机固定"原则,必须严格落实各项安全规章制度,严守操作规程。积极向相关管理人员反映设备存在的问题,配合维护保养人员认真做好平时的维护保养工作,确保设备正常运转。

(四)确保起重机械设备完好,防止带病作业

起重机械设备的完好率是客观反映企业设备技术状况和评价设备管理工作水平的一个重要指标,也是设备管理的基本依据。这就需要相关人员遵守维修保养规程定期检查、认真执行保养,严格遵循"清洁、润滑、调整、紧固、防腐"十字作业方针,发现问题及时处理并反馈,做好相关的原始记录,努力提高机械设备的完好率和利用率。

五、加强维护与保养

工程生产过程中会使用各种各样的机械设备,尤其一些大型的铁路起重机械设备高速运转设备在使用的过程中,经常会出现故障,造成生产活动的中断,长期运转的机械

设备也会对零部件产生磨损，如果放任不管发生故障，那么受到的损失将会更加严重。需要对机械设备进行定期地保养与维修，这样才能起到预防性的作用，保证设备使用性能。只有保证机械设备的使用性能，才能切实提高工程的生产效率，因此，机械设备的维修与保养非常重要。只有做好了设备的维护与保养，才可以降低机械设备的使用成本、延长设备的使用寿命。铁路起重机械特种设备的维护保养可采取两种方式：使用单位进行简单的日常维护与保养；由具有专业维修资质的单位进行维修。

日常维护与保养。设备的日常维护保养是设备维护的基础工作，日常维护与保养类型包括例行保养、定期保养、针对性保养。

例行保养。机械设备在每班作业前、作业中和作业后的检查和保养。

定期保养。按规定的运转间隔期进行的保养工作，设备定期保养实行一、二、三级保养制度，间隔期按完成工作量或运转时间确定。

编制和执行保养计划时，要结合施工生产情况，必要时可适当调整保养间隔期，但延长最多不得超过规定间隔期的10%。一级保养由项目部负责，二级以上的保养由分公司主管负责，项目部协助配合。

针对性保养。设备在特殊工况下的保养工作，具体分为停放保养、换季保养、工地转移前保养、走合期保养。

专业维修。根据铁路起重机械特种设备的自身特点，由具有专业维修资质的单位确定维修重点，做到高标准、严要求。设备维修的目的是保证设备尽快恢复良好状态，专业维修包括类型包括设备故障修和设备项修。

故障修无预订计划，依据设备技术状态鉴定的结果及临时发生的故障进行修复或更换个别零件的维修和调整工作，可以状态检测为基础，鉴定判断设备各部位技术状况，确定需要更换或修理的主要零部件，恢复其性能的工作。项修的工作量视情况而定，主要由具有专业维修资质的单位进行维修。

铁路起重机械特种设备的安全使用管理是一项系统工程。通过系统性的技术管理，确保设备在合理的条件下使用，保证设备工作的可靠性，及时消除事故隐患，减少故障，以保证安全，严禁发生机械及人身事故。在设备运行过程中降低燃料、材料的消耗，以获得最佳的经济利益，使设备的零部件的磨损降到最低，以延长设备和零部件的使用寿命，促使各台设备都处于完好状态，追求最大的经济效益和社会效益。

第四节　建筑行业起重类特种设备安全管理

本节从起重类特种设备安全管理"坚持依法治特、落实监管责任、筑牢安全防线"的工作理念，就建筑施工项目如何抓好起重类特种设备的安全管理，杜绝起重设备引起的安全生产事故，对建筑施工起重类特种设备安全管理中存在的问题进行认真分析，并有针对性地提出改进策略。

一、特种起重设备安全管理特点

建筑施工项目中的起重类特种设备的管理工作繁重，而起重类特种设备通常具有庞大、复杂的机械结构，工作强度高，活动幅度大，吊物外形多样化，载荷多变，工作环境复杂，适用性强，作业中常需多人配合对物料提升、停止或程度挪动等特点。

二、特种起重施工机械设备日常管理存在的问题

（1）在当前企业性质多元化和产品质量参差不齐的市场中，某些产权单位在购入设备时只顾及当前起重类特种设备给他们带来的经济效益，但忽略了起重类特种设备的安全技术性能。由于缺乏相应的专业技术人员及知识，导致购入的起重类特种设备存在设计、质量缺陷或设备改造存在严重的安全隐患。

（2）建筑起重类特种设备安拆单位专业性不强、安装质量不高，甚至存在部分安拆单位非法挂靠或无资质作业；在安拆作业前缺乏施工安全技术交底，且大部分企业在安拆过程中存在违规操作，从而埋下了许多安全隐患。另外，起重类特种设备产权单位和使用单位对起重类特种设备安装单位专业资质审核缺乏严肃性，同时，起重类特种设备安装人员挂靠现象以及安装企业出借资质的现象较为严重。

（3）在建筑施工单位中，部分施工单位对起重类特种设备管理工作缺乏足够的重视，没有建立以岗位责任制为核心的完善管理制度。使用单位对设备的定期安全检查和维保工作不到位，配备的机管员责任心不强、专业知识缺乏，尤其对现场检查流于形式；同时，起重类特种设备特种作业人员自我安全意识淡薄，违规违章作业，甚至部分作业人员无证操作，使用未经检测或检测不合格的起重类特种设备。

三、解决建筑起重机械安全隐患的要求

（一）产权单位

起重类特种设备产权单位要负责设备购置具体管理工作，包括技术选型、运输、现场安装、验收、交接、检验检测和注册登记、文件归档等全过程管理，购买的设备必须符合国家相关法律法规、强制性标准的要求，不符合国家法律法规、强制性标准的起重类特种设备不得购置，如（1）国家和本省明令淘汰的；(2)国家和本省规定禁止使用的；(3)达不到安全技术标准规定的；（4）安全保护装置配备不齐全的等。

（二）安拆单位

从事建筑起重类特种设备安拆的单位应取得相应的起重类特种设备安拆资质（决不允许使用无资质、挂靠他人单位进行安拆作业），应当具有建设行政主管部门核发的起重类特种设备安装工程专业承包企业资质证书，并按照资质证书许可的范围从事建筑起重类特种设备的安装、拆卸等活动。

建筑起重类特种设备安装完成后，各相关单位必须根据国家有关法律法规的有关要求组织配合对建筑起重类特种设备的安装质量及安全技术性能进行检验和调试。安装单位在设备转场安装，在施工现场移位、塔吊顶升、附着等作业后，应当组织相关单位向当地监督检验机构申请验收或委托验收检验。验收合格后，由核验单位的技术负责人签字后方可使用。

（三）使用单位

使用或租用的起重类特种设备必须符合国家法律法规及强制性标准要求，禁止使用国家明令淘汰或已经报废的特种设备。

加强起重类特种设备不定期、定期检查及隐患排查工作，保证起重类特种设备各类安全限位齐全有效，检查各个关键的钢结构连接部件完好，检查钢结构各焊接部位有无脱焊等。从而使建筑起重类特种设备在施工作业过程中的安全隐患得到有效的预防及整改。

四、加强对起重类特种设备使用单位安全职责的监督落实

（1）使用单位根据不同施工阶段、施工环境以及不同季节、气候变化，在施工现场对建筑起重设备采取相应的安全防护措施。

（2）针对项目起重类特种设备施工现场可能发生的安全生产事故，规范应急准备和响应程序，快速高效地实施应急救援工作，结合现场施工环境制订专项的应急预案。

（3）按要求设置管理机构和配备专职管理人员负责起重类特种设备的安全管理工作，同时应取得相应的设备管理资格证书。

（4）制订起重类特种设备定期维修保养计划，并监督按时实施对起重类特种设备进行维修保养。

（5）加强起重类特种设备施工现场日常巡查，使用单位（当班司机或专业设备维护人员）应当对在用的建筑起重类特种设备开展安全自查自纠活动，及时消除安全缺陷和事故隐患。

五、加强对建筑起重设备在选型进场、安装、使用等过程中的安全监督

（1）各项目按要求对拟进场的起重类特种设备各类报审资料进行真实性核查，并提供已核查依据，需核查的资料至少包括设备生产单位资质、产品合格证、安拆单位资质、安拆人员、操作人员资格证及人证相符性，严格筛选符合项目业主/总包方的项目合同中规定的特殊要求、符合现场施工条件的起重类特种设备。

（2）严格按要求起重类特种设备进场前的审核及验收，对不符合施工要求或安全性能不达标的起重类特种设备一律不予进场使用。

（3）安拆单位出具的专项安拆方案必须经由起重类特种设备产权单位、总承包单位组织对其提供的专项方案进行审查审批，并按要求安排专业的安全技术人员进行现场指导监督。

（4）监督检查建筑起重类特种设备现场施工使用情况，加强对现场起重类特种设备操作人员的监督管理，坚决不允许出现疲劳、带病、酒后或无证操作。

（5）结合专业起重类特种设备安拆公司组织开展对起重类特种设备的专项检查工作，保证起重类特种设备各个安全保护装置的有效性。

（6）根据国家管理法律、法规、安全技术规范要求，各项目开展对起重类特种设备的检验取证、注册/使用登记或使用备案手续及定期年检等工作。未经检验合格的起重类特种设备，不得投入使用。

六、加强对特种作业人员的安全教育及技术培训

制定相关的安全教育培训制度，要求各项目落实到人，定期对起重类特种设备作业班组人员进行安全教育培训，确保项目所有进场的作业人员接受项目的三级安全教育。

切实落实安全技术交底制度，对现场或进入新岗位的特种设备作业人员做好各类专

项培训教育，严格落实岗前安全教育培训，接受安全技术保障，提高一线作业人员自我安全保护意识。

七、加强特种起重设备定期维护保养、安全隐患排查工作

（1）加强起重类特种设备的日常检查保养工作，监督使用单位按公司/项目规章管理制度做到每天班前检查、保养，根据项目施工计划以及起重类特种设备的使用率，制订起重类特种设备的保养计划，由指定的具备起重类特种设备维护保养资质公司对其进行月度、季度、年度的专项维护保养。

（2）制订起重类特种设备月度、季度的检查计划，加强起重类特种设备安全隐患排查工作；由公司组织和结合委托具备起重类特种设备检查维保资质的专业公司对起重类特种设备按要求进行月度、季度检查，通过内外结合的形式抓好设备安全检查核心环节，做到安全隐患"早发现、早研判、早预警、早消除"。

加强起重类特种设备日常与定期维保及安全检查工作，切实做好起重类特种设备技术状态和安全状态排查治理工作，将安全隐患消灭在萌芽状态。

八、开展定期的应急预案演习

通过定期开展的应急预案演习演练，有效地提高一线作业人员在突发事故中的自我求生、逃生技能，降低人员伤亡率，让项目中频繁变换的作业人员能在突发事故中井然有序地撤离，切实做到防患于未然，对安全事故有预案、有措施。

第七章 特种设备安全监管研究

第一节 特种设备安全监管现状

随着企业的发展，特种设备数量随之增多，特种设备的安全监管在企业高质量发展中显得尤为重要。本节结合某公司特种设备安全监管工作现状，分析了存在的主要问题，通过对特种设备安全监管方式进行优化与调整，提高安全监管水平，降低特种设备事故发生率，促进企业高质量发展。

特种设备主要是指对人身和财产安全有较大危险性的锅炉、压力容器（含气瓶）、压力管道、电梯、起重机械、客运索道、大型游乐设施、场（厂）内专用机动车辆。特种设备安全作为企业安全中一种较为特殊的类型，具有高危风险性、事故突发性等特点，并且易被企业使用者、管理者所忽视，因此，做好特种设备安全监察工作不仅是相关管理部门的监察责任，更是使用者的责任。特种设备安全监管是近年来公司安全管理工作领域中的重点，因为它牵涉到企业职工和企业生产等多方面的安全利益，所以受到各级政府和集团公司的高度重视和密切关注。近年来，在公司全体同志的努力下，特种设备安全监管工作取得了一定的成效。但是由于种种原因，企业的特种设备安全监管始终存在一些薄弱环节，现结合企业实际，就企业特种设备安全监管谈几点粗浅的意见。

一、甘肃某公司特种设备的现状

（一）使用情况

截至2019年8月，公司注册使用的特种设备共计395台（条），其中起重机械152台、厂内机动车（叉车）73辆、压力容器152台、压力管道18条。起重机械主要分布在电解区域、铸造区域及阳极组装区域，其他作业区有零星分布；厂内机动车（叉车）主要由运输作业区集中管理；压力容器、压力管道集中分布在动力一、二作业区。

（二）已开展的工作

近年来，经过艰苦努力公司特种设备安全监察与管理取得了明显的成绩，公司特种设备事故发生率低中有降，特种设备安全状况成为公司安全生产较好的领域。截至目前，公司范围内没有发生一起特种设备一般以上事故，特种设备安全状况总体平稳。

（1）各单位已建立特种设备安全管理网络图，明确了特种设备作业人员的安全管理职责。

（2）实现了从操作管理到持证上岗全覆盖。

（3）完成了特种设备安全技术档案的归档，达到了"一台一档、专盒专柜、集中管理"的要求。

（4）及时传达特种设备典型事故，深刻吸取事故教训，扎实开展全员事故反思和警示教育活动，提升特种设备管理人员的管理能力和全体员工的安全素质，遏制事故发生。

（5）定期组织开展特种设备事故应急预案演练活动。公司各车间开展了各类特种设备事故应急救援演练，通过应急演练，有效提升了职工的事故防范意识和事故救援与处置的能力。

（6）公司成立特种设备专项检查小组。每月有计划地对特种设备进行专项评价，对查出的问题在公司安全环保例会上进行通报，举一反三，查找问题，按照"五定"原则抓好整改，并适时开展"回头看"，使特种设备隐患整改形成闭环管理。

（7）结合行业季节性特点，按照全面排查、突出重点的原则，以设备监督检验情况、安全附件及安全保护装置情况、设备安全运行情况、设备日常维护保养情况、安全技术档案管理情况、安全管理制度落实情况、事故应急救援演练情况为主要内容，全面推进特种设备安全整治专项行动，落实防范措施，确保特种设备安全。

（8）通过"请进来、走出去"的方式加强对特种设备的安全管理培训工作，提升特种设备作业人员的技能水平，强化员工的安全意识、责任意识、风险意识，使特种设备安全管理工作落到实处。

（三）存在的问题

特种设备安全监管工作一直以来都是我们工作的重中之重，无论是原酒钢集团安全环保部还是整合后的生产运行部均将特种设备安全作为工作的底线，始终坚持"安全第一、预防为主、综合治理"的原则，认真履行"党政同责、一岗双责、齐抓共管、失职追责"的安全生产责任制，督促使用单位强化安全意识，认真落实企业主体责任。近年来我单位特种设备安全状况总体平稳，但安全形势仍然不容乐观，目前的特种设备安全监管依然存在薄弱环节，监管的漏洞仍然存在，安全的隐患同样很大，主要问题如下：

（1）特种设备安全生产工作责任体系和考核机制不健全。部分使用单位没有专职的安全监管人员，即便设立了安全监管人员，但多是身兼数职，担负着比较重的安全责任，其重心也不在特种设备安全监管工作上，加上学习培训的机会少，管理人员队伍整体素质不够，缺乏管理的专业性，无法进一步提升工作的主动性和积极性，使特种设备安全监管工作无法深入开展。

（2）对特种设备安全重视的程度不够。部分使用单位的负责人安全、风险意识淡薄，风险识别能力差，对特种设备安全工作重视不够，存在不管不问的现象，导致隐患出现后处置不及时、带病运行，使特种设备运行等专业过程管理存在安全监管漏洞。

（3）对安全的投入有待提高。不少使用单位在特种设备维护保养上舍不得投入，维护保养不及时、不到位。不少使用单位缺乏对员工的安全培训教育，既没有培训教材，又没有培训记录，人员流动较大。部分作业长不能正确处理效益与安全的关系，未能树立"隐患就是事故"的观念，隐患整改没有落实到位，流于形式、疏于查微。

（4）使用单位的管理不到位。部分使用单位的管理人员缺乏安全管理知识，没有建立健全行之有效的工作标准和管理制度，一些制度永远贴在墙上、写在纸上。

（5）查处违法行为的力度不够。因所管辖单位较多，致使现有管理人员无法深入基层各角落，只能靠在专项检查中发现，导致个别特种设备游离于监察以外，疏于监管；对违章指挥、违章作业等违法违章行为，停留于口头批评与指正，未能对责任人进行严肃问责和考核，未能发动广大职工积极参与和监督打击违法行为活动，切实提升全员安全意识和防范能力。

（6）机构建设与企业发展不相适应。近年来公司虽加大了对安全监管工作人员的培训力度，在一定程度上提升了监管的效果，但在理论与实践相结合方面还有待改进和提高。

二、工作建议

鉴于甘肃某公司特种设备的现状和在日常监管中存在的不足，笔者认为，要做好企业的特种设备安全监管工作要从以下几个方面入手：

（1）强化安全发展理念，助力科学发展、安全发展。深入领会党中央提出的"要始终把人民生命安全放在首位"以及"发展绝不能以牺牲人的生命为代价"等重要精神并加以贯彻落实，切实把特种设备安全放在第一位，促进特种设备安全与企业高质量发展同步协调。

（2）强化特种设备日常监管力度。随着企业的快速发展，公司各种特种设备使用量迅速增长，起重机械、厂内机动车辆增幅尤为明显。为确保公司特种设备的安全运行，我们要做到数量清、状况明，切实加大日常的监察力度，随时掌握设备的运行情况，实行动态监管。从日常上预防和及时消除隐患、预防事故，是确保特种设备安全运行的主要基础。

（3）广泛宣传党和国家特种设备法律法规、方针政策和公司管理制度。利用班前会、周会、季度安全例会等进行集中教育，以安全生产月、质量月活动为契机，通过企业微信公众号、报刊等宣传媒体，广泛宣传《中华人民共和国特种设备安全法》等法律法规和特种设备安全使用知识，努力营造人人关注特种设备安全运行的浓厚氛围。

（4）严格落实岗位责任。加强日常巡检，发现问题及时处理，同时也要关注非特种设备，防止"想不到、管不到、治不到"的问题引发特种设备恶性事故，确保特种设备安全监管工作落实。

（5）加强队伍建设，提高履职能力。针对部分人员缺乏特种设备安全监管工作经验的问题，有组织、有计划、有步骤地开展监管人员的专业技能培训工作，切实提高安全监管人员在监管工作中发现问题、分析问题、解决问题的能力，并形成长效机制，以适应新形势下特种设备安全监管工作的需要。

（6）加强协调配合，着力构建长效监管机制。首先，要积极争取公司、安委会的重视和支持，加强与相关职能部门的协调配合，借势借力，提高工作的效率，形成监管合力。其次，要整合数据资源，实现资源数据共享，充分利用政府特种设备动态监管系统平台，适时掌握企业特种设备信息，做到最大限度地发挥网络系统的互通互联作用，借助各级监管力量，切实提高安全监管的有效性。

冰冻三尺非一日之寒，消除特种设备沉疴积弊任重而道远，特种设备安全警钟应长鸣于企业安全监管人员心中。在深化体制改革的大潮下，企业要积极学习新观念、新方法，从基层入手、让制度落地，明确职责，坚定不移地推进特种设备安全监察工作的体制和机制建设，保障好企业职工生命财产安全和国民经济的持续快速发展。

第二节　特种设备安全监管技术执法

随着社会经济的发展，我国的特种设备紧跟经济发展，与人民大众的日常生活密切联系。各式各样的特种设备为人民的生活带来极大便利，同时也给我们的生命财产的安全带来威胁。在这种大环境的驱使下特种设备安全监管势在必行。特种设备的安全监管执法工作既涉及经济生产经营和各种大型特种设备，也涉及广大百姓日常生活中所使用到的特种设备，特种设备安全监察执法工作为人民群众的生命财产安全提供保障，也为经济生产保驾护航。

特种设备是指客运索道、压力容器、锅炉、压力管道、起重机械、电梯、厂内机动车辆和游乐场的大型设施、安全保护装置等对人生命安全产生威胁的危险性较大的相关的设施。相关部门应定期对电梯这种事关人民生命安全的特种设备进行安全监察执法，确保万无一失。为了加强我国特种设备安全监察执法工作，最大限度保障人民的生命财产安全，国家出台了《锅炉压力容器安全监察暂行条例》《特种设备安全监察条例》等一系列的规定，为市场监管部门对特种设备制造、安装、使用、检验、维修、改造进行全过程的安全监察执法提供了有力的法律后盾。

一、安全监管执法工作的重要性

特种设备已经深入现代生活的方方面面。由于其危险性大、结构复杂、结构庞大、载荷多变等因素，为了最大限度防止发生重大安全事故，特种设备由国家市场监管部门统一监管。落实特种设备安全应该成为特种设备使用单位的主要责任，完善特种设备安全生产责任制度，使"安全第一"的安全生产责任制度深入每个环节、每个岗位、每一位员工，让员工有规可循。切实增强各级特种设备安全监管执法人员的责任意识，共同努力把特种设备安全监管执法工作重点落到实处。各级监管人员不只要做到工作责任明确还要相互配合，这样才能更有力地保障特种设备安全生产为国家的财产安全和人民的生命财产安全。

二、特种设备监管执法工作不善的几种原因

（1）特种设备在监管不到位的情况下出现没有经过安全检查就生产制造的，没有经过相关部门检定合格就投入使用的，以及在没有相关部门登记的情况下使用的都属于特种设备的安全问题。按照《特种设备安全监察条例》规定，特种设备使用应当向设备所在地的质量技术监督部门注册登记。目前少数单位在没有办理使用登记以及报检手续的情况下，不合理、不合法地使用特种设备的情况屡见不鲜。

（2）在《特种设备安全监察条例》中有明确规定特种设备的操作人员应该由当地市场监管部门考核合格后持证上岗对特种设备进行操作以及特种设备安全监督人员也应在当地市场监管部门考核合格持证上岗的条件下，仍然出现无证人员非法上岗的现象。

（3）各大中小型企业对安全的不重视。在当前的社会形势下，出于经济利益等考量，某些部门抱着侥幸心理，对于企业、矿山、游乐场所等所使用的特种设备运行情况持睁只眼闭只眼的态度，使得特种设备安全技术监察执法工作难以完全落实。部分小型企业

和个体户对特种设备安全监察工作的不理解，安全意识低下，拒绝在特种设备安全方面的投入和监管，给特种设备安全技术监管执法工作带来巨大的困难。

三、特种设备安全监管技术执法工作重点

作为一项复杂而又系统的工程，特种设备安全监察执法关系到广大特种设备使用者和国家的财产安全，特种设备安全监察执法工作势在必行，而这又需要得到广大人民群众的支持和各级政府机构、企事业单位的配合。各级政府的强力支持能为特种设备安全监察执法工作提供重要保障，而人民群众的支持则是最大限度减少安全隐患事故的重要力量，整个社会的配合危害广大人民群众的生命安全以及国家的财产安全的情况才能得以控制。

第一，在特种设备安全监管工作中，必须面对困难，有重点地开展工作，密切保障人民群众的生命财产安全。由于特种设备使用数量大，地域使用的范围广，我国目前的特种设备安全检测机构执法地域范围广，但是执法人员有限，这对特种设备的安全监察执法工作带来了极大的困难，造成了特种设备安全监察不及时，执法工作与需要检测设备的检测工作不能有效地进行。要按时检测的特种设备没办法按时完成检测既影响了社会经济又对设备使用人员造成了安全隐患，各企业特种设备没经过安全监察执法可以暂时停工等待，但是电梯这种日常必需的特种设备如果不能按时进行安全检查会对广大的人民群众的生命安全带来危害。

第二，需要进一步提升整个社会的特种设备安全意识。有必要加强特种设备安全监察执法工作者对特种设备使用方的工作能力的评估，协助提升其业务能力。在特种设备应用广泛的社会形势下，有必要从基础做起，提高整个社会的特种设备安全意识建设，营造有利于安全监管执法工作的氛围。特种设备安全宣传工作下沉到基层群众，使基层的特种设备使用者认识到特种设备安全的重要性，认识到特种设备安全监察执法无漏可捡，使那些想要钻空子的企业无处遁形。

第三，使"安全生产，人人有责"深入灵魂。虽然经济发展对社会进步有着重要的作用，但做好企业的安全生产的同时也要保障人民的生命财产安全。这也要求我们特种设备安全监管执法工作人员按时并及时地做好对企业特种设备的安全监察，从而为企业正常运行提供有力支持。

第四，政府应该在保证企业产能的情况下加大对特种设备安全监察执法的人力、物力的投入。想做到特种设备安全隐患无处遁形就需要政府在政策上对特种设备安全监察执法工作的支持，联合各类企业单位金融机构完成对安全监察工作予以资金上的支持，

同时扩大特种设备安全监管执法工作队伍，使安全检查工作能按时、及时的完成。

在特种设备安全监管执法工作中我们秉持着公平、公开、公正的原则，为特种设备的安全运行和企业的安全生产提供有力保障，始终做好以人为本的经济发展原则，消除特种设备生产、安装、使用中的安全隐患，把安全生产深入基层，提高政府和各类大中小型企业的安全意识，为我国的经济发展提供安全保障。

第三节 特种设备安全监管模式优化

随着我国政府职能转变改革的深入，如何优化监管模式，提高监管的效率和效果一直是政府和学术界关注的热点问题，从"简政放权"到"双随机、一公开"再到"社会共治"，监管已经从政府一元监管向多元共治过渡，如何实现监管模式的转变，建立起多元共治的格局，就是目前亟待解决的问题。本节以特种设备安全监管为研究对象，基于特种设备安全监管的特点及现状，综合运用风险管理理论、回应性监管理论、多中心治理理论，对特种设备安全监管模式进行优化，并给出新监管模式的具体实施方案，为特种设备安全监管提供依据，也为其他公共安全领域的监管提供参考。

2013年《国务院机构改革和职能转变方案》发布以来，"简政放权、放管结合、优化服务"已成为推进政府职能转变的战略举措，2015年8月国务院办公厅推行了"双随机、一公开"的监管模式。该模式是政府提高监管效率的又一推手，所谓"双随机、一公开"，就是指在监管过程中随机抽取检查对象、随机选派执法检查人员，抽查情况及查处结果及时向社会公开。该模式的提出有效地提高了监管的效率和效果，然而其应用也存在局限性，比如在特种设备安全监管中，对于人员随机，由于特种设备监管的专业性和技术性，非专业技术人员无法进行开展监管；对于企业上的随机，无法和目前基于风险的分类分级监管相融合，以保障企业抽取的科学性。因此，该监管模式在特种设备行业的运用需要进一步优化。另外，"十九大报告"更是明确提出要转变政府职能，深化简政放权，创新监管方式；并提出了要打造共建共治共享的社会治理格局。由此可见，我国的监管已经沿着"政府的一元监管—大监管—多元共治"的路线不断深化改革，真正实现简政放权，转变政府职能。

回应性监管理论是1992年美国和澳大利亚的两位学者伊恩·艾尔斯和约翰·布雷斯维首次提出的。该理论以博弈论和社会学的理论方法为基础，提出由于政府失灵和市场失灵，单靠政府监管或市场的自我调节难以达到最佳的监管效率，并给出了第三条路：混合政府监管以及第三方监管。该理论不仅强调监管策略的多元化，更强调监管主体的多元化，这一思想与我国十九大报告提出的社会治理的理念高度契合，本节将回应性监管理论引入我国的监管方式创新中，提出了特种设备安全监管的新模式：回应性监管模式。该模式对"双随机、一公开"监管模式进行优化，优化后的模式不仅适用于特种设备行业，且可应用于其他安全领域的监管，为我国打造共同治理的格局提供理论支持和实践指引。

一、回应性监管及其适用性

（一）回应性监管理论及应用

回应性监管理论概述。回应性监管理论的主要思想体现在两个方面：一是在监管策略上以"软"措施为先；二是在监管主体上引入非政府主体，实现多主体监管。其基本原则包括：①针锋相对。②以说服教育或自我监管等"软"措施为先。③最有力的强制手段作为最后选择。④逐步提高监管强度。以上述原则为基础，提出了监管金字塔理论，包括强制手段金字塔和监管策略金字塔。

劝说、自我监管等"软"措施的监管处于金字塔的塔底，是监管的主要措施也是首要措施，回应性监管理论之所以采用"软"措施，是为了激发个体和企业的主体意识，让他们能够更加积极主动地履行其主体责任。然而，"软"措施发挥作用的前提是有金字塔顶的"强"措施为后盾，"强"措施虽然不常用，但一旦运用就必须保证达到预期效果，起到震慑作用。回应性监管的这一策略与"双随机、一公开"监管模式中的"随机"可以起到异曲同工的效果。另外，"双随机、一公开"的公开强调向社会大众公开，其公开的目的是让社会大众共同监督，其最终目标是实现社会共治，这与回应性监管的多主体监管的理念也高度契合，因此，本节运用回应性监管理论来优化"双随机、一公开"监管模式。

回应性监管理论的发展及应用。回应性监管理论提出以来，得到了学者们的广泛关注。Gunningham 和 Grabosky 于 1998 年提出了智慧监管，并完善了金字塔理论，将原来的平面金字塔发展为立体金字塔，在考虑监管策略的同时，考虑了监管主体问题；Drabos 于 2002 年提出了"结点治理"，将监管金字塔发展为"网络治理金字塔"，网络治理金字塔理论强调，政府监管中不但要在纵向中调整监管策略，还要发展其横向联系，也即针对一个监管策略引入其他主体建立合作伙伴关系，从原来的政府监管过渡到共同治理；Gunningham 和 Johnstone 基于企业的自我监管提出了基于管理体系的监管，该监管方式与我国目前的基于风险的监管思路相契合，也即鼓励企业建立风险管理体系，加强企业的风险管理，使监管部门从原有的监管设备转变为监管企业的监管体系；Peter

Grabosky 提出了非政府人员在回应性监管中的重要性，尤其强调了市场监管和社会监管的重要性；Jonathan Kolieb 基于原有的监管金字塔理论，提出了监管钻石"regulatory diamond"，该理论将"合规性监管"和"理想型监管"相融合，在保障回应性的基础上，保证了监管的法律合规性。

在回应性监管理论研究的基础上，国内外学者开始探讨回应性监管理论在各个领域中的运用，Stewart lockie、Anne Mcnaughton 探讨了回应性监管在 GLOBAL GAP 评估中的应用；刘洋洋、荣振华探讨了回应性监管在我国食品监管中的运用。回应性监管除在食品监管中的应用外，学者们纷纷在税收、公共安全、金融、电信等领域开展了研究，并提出了其应用建议，为回应性监管理论的发展及应用奠定了基础。

综上所述，回应性监管理论提出以来得到了学者们和应用界的广泛关注，其理论研究不断拓展的基础上，应用也在向各个行业开展。目前我国对于回应性监管理论及其应用的研究远远少于国外的研究，且起步较晚，以回应性监管为关键字在中国知网中进行检索，共检索到 15 篇文献。2010 年薛颖洁探讨了回应性监管在网络监管中的应用，是知网中关于回应性监管的第一篇文献，2014 年杨炳霖"监管治理体系建设理论范式与实施路径研究——回应性监管理论的启示"推动了我国回应性监管理论的研究和发展，2016 年刘鹏等对回应性监管理论及其在中国的适用性进行了分析，给出了其在中国应用的局限，而在应用上也仅仅在食药监管行业的应用开展了初步研究。由此可见，我国关于回应性监管理论的研究及应用处于探索阶段。

（二）基于风险的监管的现状及其面临的挑战

基于风险的监管现状。RBI（risk based inspection）技术在特种设备行业的应用和发展，使特种设备行业进入了基于风险的检验和监管的时代，自 2005 年 3 月国家质检总局下发了《关于开展特种设备安全评价体系研究调查的通知》文件开始，学术界和应用界开展了基于风险监管的探索，国家在"十二五"期间也专门设置了课题开展基于风险的监管，而各地区也纷纷开展了基于风险监管的试点工作。另一方面，学者们也纷纷开展了特种设备行业基于风险的监管模式，构建了设备、企业的风险评价指标体系，并给出了基于风险的监管措施。2016 年国家质检总局发布的《特种设备安全监管改革顶层设计方案》中也明确提出要实施基于风险的分类监管，代表着特种设备监管进入了基于风险监管的时代。基于风险的监管将有效的监管资源用在风险较大的企业和设备中，可以有效提高监管效率，解决特种设备监管行业面临的人机矛盾问题。

基于风险监管面临的挑战。2015 年 8 月国务院推出了"双随机"的监管模式，该模式通过随机抽取检查对象，随机选派执法人员两个随机事项，解决了"由谁管"和"该管谁"的问题,且这些都是随机系统说了算,有效地提高了执法效率、降低了执法成本。和基于风险监管的效能一样,也是解决监管效率问题,同样可以解决人机矛盾。如何将两者有效结合,使双随机更加科学,就成为特种设备监管行业亟待解决的问题。

(三)回应性监管在优化特种设备安全监管模式中的适用性

监管策略上的一致性。由回应性监管的塑造性可知,回应性监管的最终目的是塑造监管对象的主体意识和能力,因此,监管手段主要以"软"措施为主,严厉的手段放在最后,主要起到震慑作用,这和双随机监管的特点相适应。双随机监管通过抽查对象及监管人员的双随机,在保证监管效率的基础上,主要对各企业起到震慑作用,各企业都会在被抽到的可能中谨小慎微,严格要求自己,因此,在这点上,回应性监管和双随机监管的理念一致。

监管主体上的一致。回应性监管强调多主体监管,引入市场、社会共同监管,而"双随机、一公开"的监管模式,在双随机的基础上要建立信息公开机制,使信息公开的目的也即引入多主体监管,因此,在这点上,回应性监管和"双随机、一公开"监管的理念一致。

二、基于回应性监管的特种设备"双随机"监管模式框架

本节结合特种设备安全监管的现状以及"双随机、一公开"监管模式在特种设备安全监管中的问题,综合运用风险监管的理论和回应性监管的理论对特种设备安全监管"双随机、一公开"模式进行优化。具体体现如下:抽查对象随机中考虑到企业的风险状态,依据企业风险状态调整随机抽查比例。例如,目前特种设备使用单位的风险分级一般分为A、B、C三级(其中A级为风险最低的企业),则随机抽查概率可以依据风险调整为20%、40%、80%,通过概率的调整,既能满足随机性,又能保证基于风险监管的科学性。在随机抽取监管人员中,考虑到人员的专业性,可以将监管事项首先进行分类,分为一般事项和技术事项,一般事项对监管人员无要求,可以随机抽取;而针对专业技术事项,则需要建立技术专家库,并且要依据八大类特种设备的特点,分别建立监管人员数据库,如锅炉监管人员数据库、电梯监管人员数据库等。

三、基于回应性监管的"双随机、一公开"监管建议

塑造标杆企业,鼓励有条件的企业实施自我监管。在监管策略上,鼓励安全管理状况及安全管理意识好的企业开展自我监管,塑造标杆企业。例如,迪士尼游乐园/中石油/中石化等特种设备集中且自我管理能力较好的单位,可以逐步调低其抽取概率,并

采用企业自我声明的形式，在信息公开平台上公开其自我监管结果，接受监管主体的监督；并将其优秀的管理经验进行公开宣传，塑造标杆企业的形象。通过塑造标杆企业，一方面可以带动整个行业的安全，另一方面也可以开展对缺乏能力者的帮扶工作。

建立第三方监管机制，引入第三方监管。管理机制是保障管理体系顺畅运行的润滑剂，想要特种设备安全监管信息公开机制充分发挥作用，就必须调动市场、社会等相关主体的积极性，建立第三方监管的动力机制、激励机制、保障机制等，以保证各主体参与的积极性，达到信息公开的目的。

推进行业自我监管，实施"自我声明+信用管理"。针对没有被抽到的监管对象，可以采用企业自我监管的自我声明制度，声明其监管结果，让政府、消费者、社会及时有效地了解其真实的安全状况，实现对安全状况的知情权、监督权，形成全社会共同监管特种设备安全的良好局面。另外，其自我声明的结果及结果的真实性直接影响着企业在市场和社会中的信用等级，进而与企业的经济效益直接挂钩。

建立协商机制。协商机制的主要措施是行政约谈。行政约谈是回应性监管中"政治公民"对象的主要监管措施，目前在食品、药品、餐饮等行业推进，并取得了很好的效果。特种设备安全监管也尝试建立了约谈机制，该机制不仅能够提高"政治公民"的参与性，更能提高其守法的积极性。

第四节　对林业特种设备安全监管

特种设备的安全运行关系到社会的稳定与和谐发展。黑龙江省森工林区特种设备分布面广、种类多、数量多，可是对特种设备的监管力量却较薄弱，给林区安全生产留下隐患。今后，应完善该林区特种设备安全保障体系建设，加强对特种设备的监督、检验和管理力度，增加资金和人力的投入，确保特种设备安全运行。

2003年国务院公布了《特种设备安全监察条例》，对特种设备的生产、使用、检测、监督检查做出了严格的规定，明确了法律责任。2009年1月国务院又对特种设备安全监察条例进行了修订，进一步对特种设备的生产、使用、检测、监督检查、事故的查处做出了科学的法律依据。

黑龙江省森工林区特种设备分布面大、种类多、数量多，做好特种设备的正确使用，保证其安全运行，任务艰巨、责任重大，关系到国家和人民生命财产的安全，关系到林区经济社会和谐稳定地发展。

一、特种设备安全监管的现状

黑龙江省森工林区涉及的特种设备有锅炉、压力容器、压力管道、电梯、起重机械、客运索道、大型游乐设施、场（厂）内专用机动车辆。据不完全统计，截至2012年该省森工林区在用锅炉837台、压力容器210台、电梯75、压力管道0.65km、起重机械71台、客运索道13条、场内机动车214辆。几年来，通过对特种设备安全宣传、法律、法规的宣贯执行、监察力度的逐步加大，安全监察工作取得了一定成绩。但我们仍面临设备多、范围广、人员少、任务重的问题，有的地方对特种设备重视不足，缺少必要的安全监察经费和工具，致使个别地方出现死角，同时受机构体制的影响，对违法、违规查处力度还不够，未经检验非法运行特种设备的个别现象仍然存在。设备安装不告知、使用不登记、到期不检验、操作人员不持证上岗，这些都对特种设备的安全使用留下隐患。

二、对特种设备安全监管的建议

随着黑龙江省林区经济的发展，新林区建设、小棚户区改造的力度加大，小型锅炉不断被取缔，大吨位锅炉数量不断增加，特种设备的使用给林区经济的发展和人民生活带来了方便。然而能否保证其安全运行却直接关系到广大人民群众的生命财产安全，关系到林区经济社会稳定的大局，是我们当前重大且艰巨的责任与任务，必须高度重视。笔者仅针对特种设备监管提出以下建议：

（一）建立完善特种设备安全保障体系

建立从设备设计—生产—引进—安装—检验—使用—监管各个环节的质量保证体系，明确监察、检验、企业和个人的责任，层层落实。建立适合市场经济发展的安全监察机制。从源头治理，全程监控、精细管理、强化监管。逐步理顺安全监察管理体制，认真做好特种设备普查隐患治理工作，把隐患消除在萌芽状态，杜绝事故的发生。

（二）继续加大对特种设备安全的宣传力度

特种设备的安全运行是关系到社会稳定、和谐发展的重要部分，加强对《特种设备安全监察条例》及有关法律、法规的宣传，普及安全知识，把特种设备安全知识宣传到林区每个角落，增强使用单位和个人的法律意识和责任，使广大人民群众做到知法、懂法、守法，严格执行特种设备操作规程。通过各种媒体和宣传专栏开展全社会安全大检查，增强全民安全意识。

（三）加强对特种设备的监督、检验

检验单位是安全监察不可缺少的一个组成部分，承担着特种设备技术把关责任，检验工作应当符合安全技术规范的要求，《特种设备安全监察条例》第二十八条明确规定："未经定期检验或者检验不合格的特种设备，不得继续使用"。应建立强制检验制度，确保特种设备定期检验率达到100%，保证检验工作质量，防止因检验失误导致安全责任事故，及时向安全监察部门报告重大问题，确保事故隐患整改到位。目前，黑龙江省森工林区仅松花江锅炉压力容器检验所负责全省森工林区的特种设备检验工作，以森工林区特种设备分布广、种类多、任务重、人员少，缺少资金和必要的检验设备，这将给完成定期检验工作带来一定的困难，这个问题必须及时、尽快解决。

（四）加强人才队伍建设

有一支过硬的队伍是做好特种设备安全监察工作的基础和保障，必须加强人才队伍建设。要严把选人进人关，选拔专业对口、能力强、素质高的优秀人才充实特种设备安全监察和检验队伍，并要保持队伍的相对稳定。要抓好专业知识的学习和行政执法业务培训工作，提高专业技术人员的业务知识和行政执法能力，造就一批具有较高业务素质和执法水平的干部队伍。加强对特种设备安全监察、检验队伍的管理和勤政廉政监督，对于违法乱纪的要严厉查处。

（五）加强对特种设备的监管

落实各级质监部门的监管责任，依靠法律手段，依法治安，重点治安，加强执法行政，依法监察，依法施检，完善责任监督考核体系，做到从设备源头开始监管到位、设备使用登记到位、现场安全监察到位、检验覆盖监督到位、事故调查处理到位和突发事件应急反应到位。要在监管的同时依靠服务手段，在服务中实施监管，在监管中体现服务，以全心全意、尽心尽力的帮扶打动、感化、取信企业，促进企业讲安全、重安全、抓安全，帮助企业解决实际困难，为企业创造良好的安全环境。

（六）继续加大对特种设备的投入力度

督促使用单位加大对特种设备的资金投入，对存在各种隐患的设备和超期服役的设备及时进行改造和更新、淘汰，提高设备安全管理水平。加大检验机构的资金投入，改善检验、检测装备和办公条件，提高检验机构的综合实力，努力促进检验机构在规模和水平上适应社会经济的发展。加大对监督机构安全监察经费的资金投入，改善现场安全监察的条件，使安全监察人员及时到现场依法监察、执法检查，及时查处特种设备各类违法问题，消除各类隐患，确保特种设备安全运行。

第五节　特种设备智能检测监测云服务

针对特种设备数量高速增长与质量管理服务供给不足等日益复杂的形势，研究基于物联网、大数据、云计算等新一代信息技术的特种设备智能检测监测架构与支撑要素，提出面向设备安全管控的检测监测技术应用模式、面向生命周期环节的集成应用模式、基于动静态数据的云服务应用模式等多种云服务模式，集成技术、平台、数据等多种手段探索特种设备行业检测监测应用与服务创新，满足特种设备生产、使用、检验、检测、监管等多方需求，推动特种设备质量提升、技术优化和风险防范能力升级。

特种设备是指涉及生命安全、危险性较大的锅炉、压力容器（含气瓶）、压力管道、电梯、起重机械、客运索道、大型游乐设施和场（厂）内专用机动车辆。截至 2018 年年底，我国特种设备 1394.35 台套，已成为现代工业体系和生产生活的重要组成部分，在经济社会发展中发挥着不可或缺的作用。

与其他设施设备相比，特种设备具有较大危险性和潜在危害性，据统计，特种设备事故发生在使用环节的比例接近 80%。在特种设备向大型化及高参数发展、数量日益增加、质量安全管理形势日益复杂等现实条件下，基于物联网、大数据、云计算、移动互联网、工业互联网等的特种设备检测、监测等技术的应用日益普遍，以保障其生产质量和使用安全。

在此背景下，围绕特种设备行业及产业协同发展的目标，重点研究特种设备智能检测监测云应用架构和云服务模式，以不断推动特种设备生产（设计、制造、安装、改造、修理等）、使用、检验、检测等各环节管理向智能化、协同化方向迈进。

一、智能检测监测云服务架构研究

（一）总体架构

IT 行业，云服务指通过网络以按需、易扩展的方式获得所需服务，这种服务可以是 IT 和软件、互联网相关资讯，也可以是其他服务。云服务常见的方式有软件和服务（Software as a Service，SaaS）、基础设施即服务（Infrastructure as a Service，IaaS）、平台即服务（Platform as a Service，PaaS）等。

工业行业，云服务包括企业上云、设备上云等范畴。企业上云是指企业以互联网为基础进行信息化基础设施、管理、业务等方面的应用，并通过互联网与云计算手段连接社会化资源、共享服务及能力的过程。设备上云旨在通过"数据+模型"的方式，提高设备运行效率和可靠性，降低资源能源消耗和维修成本。

通过分析IT行业和工业行业云服务的内涵外延，结合特种设备行业特点提出特种设备智能检测监测云服务架构。该架构以特种设备要素为对象，以技术平台为手段，以服务为实现方式，突出特种设备检测、监测方面的物联网技术、大数据等云服务、云应用，满足产业链各方的不同需求，服务特种设备全生命周期高质量安全发展。

（二）支撑要素分析

特种设备检测监测云服务突出要素对象、技术平台和服务内容，通过不同层面的结合与融合，构建紧密、适用的技术和服务体系。

1. 要素对象

要素对象是检测、监测技术运用的目标，可以是设备等物理实体、管理环节等逻辑实体，以及设备生命周期全过程等涉及的技术、服务、数据等虚拟实体。要素对象决定着云应用模式和内容。

针对设备等物理实体，重点对设备制造过程或使用过程中的运行状态、损伤或故障等实时、动态情况进行监测及检测等动态进行管控，同时形成设备基本属性信息、所处位置、是否在用等使用状态等静态信息档案，实现对设备动静态的全面管理，确保设备本体安全。

针对管理环节，主要面向特种设备生产、使用、检验检测、安全监管等各环节，利用数据接口等方式以及数据集成方式，实现云平台与企业已有信息管理系统或平台间的数据交换与共享，采集、处理、汇总、存储、应用企业生产经营的相关数据，帮助企业实现流程管理的智能化、协同化与可追溯。

针对设备生命周期全过程，基于平台实现特种设备全生命周期产生的多源异构数据，通过数据融合、数据挖掘等手段，面向不对称服务对象提供数据服务，重点可针对时域/区域特种设备质量、安全以及行业发展等方面进行综合分析和研判，为产业发展、政府监管、公共安全等宏观管理决策服务。

2. 技术平台

支撑平台云服务的共性关键技术，为平台提供数据采集、资源管理、平台构建、安全应用等方面的支撑。

数据采集处理技术，侧重于对设备质量安全相关的人、机、料、法、环等进行物联感知、智能检测、健康监测和动态管控。常用的数据采集处理实现技术包括光纤光栅、声发射、压力、温湿度等各类传感器，二维码、射频识别等数据自动识别技术，以及基于基础物联网感知技术构建的相关终端、装置、中间件等。

资源能力支撑技术，针对存储资源、计算资源、网络资源、数据资源、服务资源等能力构建提供支撑，涉及边缘计算、云计算、大数据、机器学习等，是实现边缘、云端、平台端资源汇聚与应用的基础支撑技术。

平台构建安全技术方面，根据平台服务需求，利用 B/S、SOA、Hadoop 架构等进行平台设计，满足不同层次、不同规模的信息化平台构建需要，运用 NET、Java、HTML5 等编程技术实现平台功能，集成设备安全、网络安全、数据安全、应用安全等安全手段，确保平台正常建设和运维。

服务接入应用技术主要面向终端用户，如行业企业、政府部门、技术机构、公众等提供便捷易用的云服务，如基于移动互联网的 APP 或微信公众号开发技术，基于互联网的公有云、私有云接入访问技术等，基于人工智能的机器人、AR（增强现实）技术/VR（虚拟现实）技术，以及可视化的大屏接入展示、终端接入展示技术等，旨在运用多种接入方式和展示手段实现便捷的终端用户应用。

3. 服务内容

依托平台化手段，面向不同服务对象，提供设备管理、智能运维、预测预警、质量安全分析等不同的云服务内容。

面向特种设备制造企业。特种设备制造企业是保障产品质量安全的源头。当前，特种设备制造企业多为中小型企业，具备典型的离散制造特点。在国家当前鼓励智能制造、工业互联网应用的背景下，依托平台面向设备使用单位提供远程监测、运维、诊断、管理等服务，为特种设备制造企业向制造服务型企业转型升级提供支撑；同时通过对设备使用过程中产生的数据分析，向产品制造环节进行反馈，推动制造企业提升产品质量安全水平。

面向特种设备使用企业。特种设备生命周期较长，同时根据国家对特种设备的监管机制，需要定期对设备进行维保、检验以及应急处置等多方面的交互。因而，面向特种设备使用企业的服务内容可划分为内部管理服务和外部协作服务。

内部管理服务涉及企业对自有特种设备的基础信息管理、设备日常运维管理、设备动态实时监测、设备风险分析预警、预知维修等内容。

外部协作服务涉及（如网上报检、设备检验进度查询、设备使用登记等）与其他单位关联的服务入口，实现一站式服务。

面向特种设备检验检测机构。特种设备检验检测机构主要开展设备的制造监检、定期检验、设备检测等技术服务。随着特种设备数量的急剧增加，检验人员与特种设备比例日益悬殊。因而，检验机构可利用平台数据对设备状况进行分析，探索按需检验、定制化检测等业务，科学减少检验工作压力，实现精准检验检测服务。

面向特种设备安全监管部门。特种设备安全监管部门对特种设备的生产、经营、使用，实施分类的、全过程的安全监督管理。安全监管部门，依托平台和数据，为安全监管部门提供各个环节的安全管理水平的分析评价、特种设备安全状况分析、特种设备产品质量分析、特种设备事故故障分析、社会公众需求分析等，满足监管部门信息公示、安全监管等。

面向公众。公众是特种设备安全多元共治格局中的重要组成部分。针对公众，依托平台，提供设备全生命周期质量安全追溯与信息查询，投诉举报，政策、规章、法律法规、标准规范知识获取，行业培训等。

二、智能检测监测云服务模式

基于特种设备智能检测监测云服务架构，针对设备、管理、服务等不同颗粒度的检测监测对象以及服务对象，进一步研究提出智能检测监测云服务模式，包括面向设备关键点的检测监测技术应用模式、面向生命周期环节的集成应用模式、基于动静态数据的云服务应用模式，实现技术、系统、平台、数据等云服务。

（一）模式一：面向设备关键点的检测监测技术应用模式

根据海因里希法则，人的不安全行为、物的不安全状态是事故的直接原因，事故征兆能否被成功监测，是防范事故发生的关键因素。

基于该法则，提出面向设备关键点的检测监测技术应用模式。该模式下，重点关注设备本体状态，利用传感器、物联网等共性支撑技术，以及无损检测、健康监测等关键支撑技术，对设备状态的安全、准确、实时的采集与分析，如针对承压类特种设备等静设备的应力应变、裂纹腐蚀、压力、液位等，机电类特种设备等动设备的运行状态、运行速度、运行故障等，实现故障/损伤的研判，并采取积极的措施予以预防。上述数据实时传输至云平台，通过云平台提供设备在线监测、报警、诊断、维护等，实现设备功能的服务化。

比如起重机械行业，利用物联网等技术，对其多个运行状态参数进行实时监测，及时发现设备在运行过程中的异常参数，从而有针对性地开展设备或设备关键部件的检查、检测与维修，减少设备安全隐患，提升设备运行安全水平和效率。

（二）模式二：面向生命周期环节的集成应用模式

全生命周期管理指产品从需求、规划、设计、生产、经销、运行、使用、维修保养到回收再用处置的全生命周期中的信息与过程。特种设备全生命周期涉及生产（设计、制造、安装、改造、修理）、经营、使用、检验、检测、安全监管等多个管理环节。每个环节的管理水平对设备的使用寿命、故障预防等方面均具有一定的影响。为此，基于全面质量管理理论，提出面向生命周期环节的集成应用模式。

该模式以RFID、信息化技术和系统为支撑，关注各环节的人员操作、工艺流程、环境影响、原材料等要素，与设备本身形成"人机料法环"五位一体的协同云服务模式，重点突出智能管控、远程运维、协同管理等服务内容。

以气瓶为例。智能管控服务：基于RFID技术实现气瓶充装管控，减少人为因素、环境因素、操作因素等造成的安全隐患，规避影响安全因素；远程运维：通过结构化数据、视频、图片等多种方式，由气瓶制造企业、气瓶使用单位、气瓶检验单位共同对气瓶当前状态进行分析研判；协同管理：基于平台端的统一管理，实现气瓶使用、充装、检验、安全监管等各环节的信息共享，对各个环节管理的规范性进行监测，落实各个环节的安全责任，实现协同管理。

（三）模式三：基于动静态数据的云服务应用模式

从宏观的角度来看，大数据是物理世界、信息世界和人类世界的纽带，物理世界通过网络将反映自身特性的数据反映到信息世界中，人类世界凭借人机交互手段对自己的数据向信息世界进行输入和操作并获取物理世界的数据。

在模式一、模式二应用的基础之上，平台将形成特种设备生命周期中的动静态数据资源。在当前大数据时代下，通过数据形成有用的信息、转换为可用的知识是数据服务的重要形式和内容。

基于动静态数据的云服务模式。基于大数据、云计算等技术，关注数据本身，挖掘数据价值，构建数据驱动的工具组件、预测预警等云服务体系。

具体的服务模式如下：一是构建数据基础之上的特种设备损伤或故障知识库，特种设备风险分析研判专家系统，基于机器学习（包括基于关联、聚类、神经网络等）、人工智能的数据分析模型和算法等，形成平台资源和服务能力的重要支撑；二是开展面向产品质量安全提升的数据分析服务。例如，通过数据分析，提出与产品质量安全相关的关键参数，从而实施有效的制造改进、检测监测；通过对数据的分析，发现设备异常，使设备运维提前介入来避免故障的发生，实现预知维修、寿命预测等应用。

特种设备作为国民经济和社会发展的基础性设施设备，其质量安全水平至关重要。基于工业云、智能制造、智能服务等先进理念，研究提出面向特种设备多要素的智能检测监测云服务架构，探讨面向设备、管理、质量、安全的特种设备检测监测云服务模式，通过基于云计算的平台架构、资源服务能力等支撑，聚合设备、机构、人员等多维动静态数据，构建集成化、体系化的技术、平台、云服务体系，推动特种设备质量提升、技术优化和风险防范能力升级，为有效解决特种设备数量高速增长与质量管理服务供给不足的矛盾提供方法和参考手段。

第六节 特种设备安全运行保证体系

由于国内特种设备逐年递增、使用状况复杂、管理水平参差不齐，所以，特种设备安全监督管理工作如何寻求防患于未然，最大化减少事故发生，提高企业自身安全管理水平，降低政府监管部门难度，是一个比较紧迫的问题。笔者根据最近国内事故案例和检验工作经验，结合新颁布的《中华人民共和国特种设备安全法》（简称《特种设备法》）、《锅炉使用管理规则》（TSG G5004—2014）中的内容，研讨建立特种设备安全运行保证体系的重要性和基本思路，同时提出有关政策建议。

特种设备发展到今天已与人们的各种社会活动密不可分，它既促进了生产力的发展也随着社会的进步而改变，为人们带来各种便利和舒适的同时，因特种设备引发的事故危害也不容小觑。例如，2015年7月16日，日照市岚山区石大科技有限公司1000m^3液化烃球罐在倒罐作业中发生泄漏爆燃，橘红色的爆炸火焰瞬间扩散到整个厂区周边，巨大的冲击波将球型储罐的外壳冲出数米，在事发地约5km以外，市民仍有震感，事故的破坏力可见一斑。2015年7月26日，一部商场滚梯使湖北荆州一名乘梯女士的生命戛然而止，此次事故让人们普遍对身边的电梯产生了质疑与担心。特种设备事故不常发生，但事故的危害和负面影响却不容低估。特种设备安全管理如何能及时发现隐患、避免事故、保障安全，是大家要紧迫面对的课题。

一、使用单位建立安全运行保证体系的必要性

2014年发生在使用环节的事故为240起，占事故总数的84.81%（2013年为184起，占81.06%，已有上升趋势），其中因违章作业、操作不当占到使用环节事故类的57.3%，设备缺陷、安全附件失效占到使用环节事故类的36.6%。为什么合格的产品在使用环节还发生了那么多的事故？笔者从事检验工作20年，对企业自身的特种设备安全管理工作深有感触，可谓良莠不齐，整体水平偏低，情况不容乐观，具体表现如下：大中型国有企业稍好一些，安全部门配置和人员相对完善稳定，能够做到履行基本的日常安全管

理职能；而相同规模的私企就要差一些，安全管理机构缺失，岗位职责不明，管理制度虚空，管理人员少且流动性大，安全管理技能偏低。小微型企业由于资金、人员等因素，有人持证应付检查、无人进行安全管理就很普遍了。

2014 年全国特种设备总量已达 1036.46 万台，平均算一下，每个质检部门所属检验机构要负责 33542 台设备，每个监察员要监管 658 台设备，靠有限的监督和检验来全面防范制止使用中的违章作业、操作不当、预警预测设备缺陷、安全附件失效等问题，很难做到。企业设备众多，即使增加再多的监管和检验人员，也无法覆盖整个管理面。同样，企业过分依赖技术机构检验结论而忽视自身日常安全管理，是设备运行的极大隐患。大量在用设备的盲检使检验员成为企业的义务安全员，既消耗了技术机构的大量精力、时间，又使监管工作总处于被动的"救火"模式，如因荆州电梯事故引发的全国电梯隐患排查。

相反的一面，特种设备因制造质量引起的事故连续两年统计为零，安装维修方面相比也极低。在 2014 年年底，全国共有特种设备生产（含设计、制造、安装、改造、维修、气体充装）单位 61518 家，持有许可证 68985 张，但因制造、安装、改造、维修等原因导致的事故概率却微乎其微，说明这些环节的质量安全保证比较到位，主要原因是该项工作长期有一个相对完整成熟的质量保证体系和有效监督管理机制。以承压类为例，每一个制造厂取证和到期换证，都要事先准备好厂房场地、设备，相应的专业技术人员，以及完整有效的质量管理体系和生产工艺文件。审查核实过程也着实让相当一部分企业倍感头痛与煎熬，不进行充分准备恐怕是比较难通过的，每到此时待审核单位往往齐心协力：更新标准，完善质保体系，重新考核任命管理作业人员，完善岗位管理制度，购买设备和编制新版标准工艺文件，有时还要准备样机试生产。自检合格后，面对专业审核机构的挑剔与苛刻，制造单位通常都会被查出一些遗漏待整改问题，当然被降级和未通过也是正常现象，每次这样的审核对大多数企业都是一种促进和学习，无论人员管理还是产品质量都有所改善和进步。这是制造企业的第一关，接下来，产品的图纸要么自己有设计能力，要么送到专业有鉴定资质的机构接受审核，又要被"考"一次。最重要的环节，产品要在规定的质保体系和工艺下进行生产，特种设备监督检验机构也同时依据相关规程标准对制造过程进行重点抽检或全程监检，包括图纸、作业人员、质量保证体系、制造工艺、生产设备等各方面与产品相关的安全要素，直到产品合格出厂。几十年来，这种监管模式没有大的改变，极低的产品质量事故率也证明这种管理机制的长期稳定有效。承压类安装改造维修（包括机电类生产企业）的取证与维修监检过程和上面大同小异。

总之，面对众多特种设备制造、维修企业的产品监管一直严抓不放的就两点：一是监督企业建立健全有效运转的产品质量保证体系；二是在企业自检合格的基础上，对产品关键质量节点的检（抽）查验证，仅用极少的人力、物力便保证了稳定合格的产品质量。《特种设备安全法释义》第五条讲解为政府部门不应是"保姆式"的包揽企业的安全责任，而应该是"警察"式的监管，严格依照法律规定的职责、权限依法监督特种设备的使用。所以，监督使用单位建立制度化、规范化安全运行保证体系是降低事故率的关键。

二、建立特种设备安全运行保证体系的基本框架

依据《特种设备法》第四条，国家对特种设备的生产、经营、使用，实施分类的、全过程的安全监督管理，也就是不仅要重视生产设计许可，制造质量监督，还要把使用直至报废的过程纳入监管。如果能监督企业建立完备有效的安保体系，在该体系下企业自检合格的基础上，有重点、有针对性地开展对安保体系监管评价和设备定期验证性抽检工作，势必将使特种设备使用监管工作纲举目张，事半功倍。特种设备监管应改变只重视设备安全性能和人员证件齐全，要把对安保体系的培养、建设、管理作为长期安全管理工作的根本。所以，应对在用的各类特种设备建立模式固定统一的安全运行保证体系，有效降低使用环节的事故率。参照特种设备制造管理体系，设想构建安保体系要点如下：

根据政府相关法规，强制使用单位建立相对统一的特种设备使用安全管理体系。特种设备使用单位建立对应设备类别（按承压类和机电类）安全运行保证体系，包括安全管理组织机构设置任命，各类（级）安全管理人员的配备必须满足日常自检技术要求，大型化工企业及数量较多机电类用户应设安全技术负责人，法人为安全责任人，并上报监管部门备案。根据被评价合格的安保体系要求，建立各级安保人员的岗位职责，建立使用安全管理制度，建全使用维修管理记录，制订事故应急预案并定期演练；使用单位按安保体系制度规定开展日常自检，排查隐患；设备安全状况自检报告每周书面报安全技术负责人或法人，定期书面（也可邮件）汇报监管部门设备安全状况（含增、用、停、废、修、自检情况，以及安保体系人员变更等），有针对性地调整修改安保体系执行中漏洞、弱点。

安全管理人员要转向职业化。安全管理人员不仅是考个证而已，还要具备以下方面的能力：专项化，从事的人员必须熟练知晓运用相关特种设备法规、标准，规范指导企业安全生产；职业化，从事的人具有一定的实际工作经验，既能防微杜渐，又能遇事不乱，最大限度降低事故危害程度范围，所以这是一个需要长期丰富学习和经验积累的职业。现实中常遇到的问题如下：企业安全员专项知识缺乏，对设备不懂不熟悉，也不知

道检验要求和重点；考个证应付检查，既无实际工作经验，也不知道检验周期；临时找个部门或人托管，安全管理基本空白……现实中的安全管理人员并没有发挥其应有的作用。合格的安全管理人员，必须具备对应的特种设备专业知识，要长期稳定地从事这项工作以丰富经验阅历。

安全员工作评级与企业设备检验独立化。安全员应在取得资格证书后才能受聘担任企业的安全管理工作，履行管理职责，并接受政府监管部门的监督注册与定期培训学习。除此之外，还应有第三方检验检测机构每年度定期对其工作能力进行评定。如果连续两年安全管理工作只有及格水准，即使企业特种设备达到安全要求，企业的总体安全管理工作也不符合要求，要么换新安全管理员，要么重新理论考试培训合格后上岗，无安全管理员的企业的特种设备不得投入运行，政府部门要依法行使监管职能。安全管理员可以兼职其他企业（业务较少的小微企业），一旦兼职企业被评为及格（分优秀、良好、及格、不及格四级）就只能解聘离开兼职安全管理员职位。这样，企业的正常生产离不开安全管理员，如果企业因效益肆意违规造成安全管理员失职，就要面对特种设备综合检验不合格的风险；安全管理员的业务水平与责任心与企业息息相关，其必须做好本职工作，全面掌握设备安全运行状况，否则会影响检验的整体结论。

建立对安保体系有效性评价和在用设备验证性抽检制度。要重视对设备使用单位的安保体系有效性评价，再辅以设备验证性抽检。定期检验结论只能代表检验时的设备状态与安全管理水平，而日常的隐患排除、安全监督、跟踪管理就需要有效地安保体系来发挥职能作用，所以对安保体系有效性的检验评价应从设备检验中区分出来，重要性不可低于设备检验。设备不合格，而对安保体系运转不合格，那么设备运行起来还是存在隐患。合格的安保体系会逐渐提高企业自身管控技术水平，减轻政府监管负担，使技术机构尽可能有针对性地开展设备验证性抽检和重点检验，尽量减少耗时费力的盲检，减轻企业经济负担，增强企业自身安全责任意识。

三、建立特种设备安全运行保证体系政府监管部门应发挥的作用

要实现"企业承担安全主体责任、政府履行监管职责、专业机构担负技术监督职能和社会力量发挥监督作用"四位一体的特种设备安全工作新模式，就必须建立一个有效的安全运行保证体系，政府监管部门应从以下方面发挥作用：

政府监管部门应编制出台统一的特种设备安保体系建立基本要求，科学规范且具有强制性，有法有据可依。在确定企业承担安全主体责任的同时，监督部门要培养规范引导企业产生具备承担责任的能力和条件，而不能一定了之。

政府监管部门要重视安全管理人员，定期进行专业培训，提升其职业化水平，胜任企业自检工作，使其成为企业安全生产必不可缺的要素。同时，监管部门应对安全员考核注册并使其在社会生产中获得法定的相应待遇权利，保障其长久执业、人员技术稳定。

政府监管部门应建立安保体系动态监管制度，确定监管重心要素，不定期抽查核实企业制度、记录、人员与体系相符情况，对不符合要求者坚决整改直至关停。要从"平时管设备，节前一阵风"的管理方式向监督企业必须建立有效的安保体系上转变。

政府监管部门应开展安保体系和设备的双重评价检验。通过对安保体系的有效性评价来检验企业真实管理水平。从设备检验上发现企业安保体系的不足与漏洞，督促企业提高改进、消灭隐患，让安保体系在日常管理中时刻发挥预防治理作用。

政府监管部门应推动特种设备强制或准强制保险制度建立，发挥保险在突发事件预防、处置和恢复重建等方面的作用，提高事故赔付能力，降低事故处理难度，避免影响社会稳定，增强企业风险意识和抵御风险能力，尤其是无限接近百姓生活的气瓶与电梯等特种设备应优先考虑。

通过制度化、规范化的安全运行保证体系来实现对企业和设备的监管，重视安全管理人员的培训考核，提升其在企业中的地位，发挥其应有的职能作用，建立安全管理人员资质任职注册与工作评级制度，动态监管企业安全保证体系正常运行，让企业自身具备防控事故的能力和体系，建立特种设备强制保险制度，只有这样特种设备安全监管才能长治久安，降低使用环节的事故率。

第八章　特种设备安全评定

第一节　压力容器强度分析与安全评定

伴随着社会经济快速发展，科学技术水平也在不断提升，压力容器在生活中的应用越加广泛。压力容器在制造及应用过程中，非常容易受到各种因素的影响，进而出现安全隐患，对压力容器静载强度造成影响，出现脆性断裂的可能性显著提升。所以，对于压力容器强度进行分析与安全评定，对于压力容器应用具有关键性作用。进行压力容器强度分析时，主要通过 ABAQUS 有限元软件进行分析研究，同时对压力容器进行安全评定，保证压力容器的质量及安全水平。

我国对压力容器进行研究是在 20 世纪 70 年代的时候，随着社会经济及科学技术水平不断提升，我国在压力容器强度分析与安全评定方面已经取得了十分显著的成果。特别是在近几年内，压力容器在发展过程中已经拥有了较为丰富的研究成果与实践经验，压力容器真正快速发展。压力容器的研究一直处于不断完善的状态，压力容器强度分析与安全评定有关科学技术不断改进，上压力容器在强度分析上面逐渐倾向于高技术与高精准方向发展，压力容器安全评定安全性及科学性都在显著提升。

一、压力容器的强度分析

压力容器在强度分析过程中，应用最为广泛的研究方法应该为有限元法，在对压力容器强度计算及分析过程中还能够应用有限元软件 ABAQUS。

（一）有限元法

1943 年有关研究人员正式提出有限元法，有限元法在刚开始产生的时候主要在扭转问题计算内应用，主要作用就是计算出扭转问题最佳解，有限元法在经过不同完善及实践应用之后，逐渐在电子计算机内应用，主要是对电子计算机复杂弹性有关问题进行分析研究。有限元法在实际应用过程中，主要是通过变分原理对计算数据进行研究，然后将弹性体进行划分，形成单独弹性体，在应用有限节点和不同弹性体充分进行连接，构成单元体。在这种构成形式内的单元体内,每一个单元体都能够体现出整体弹性体在力学上面所发生的改变,使弹性体所具有的特性更加突出。

正是由于有限元法在实际应用过程中所具有的特点,所以能够在真实结构模型内应用,利用计算近似力学的方法计算出强度参数。有限元法在实际应用过程中能够对多个方程式进行分析研究,具体步骤如下:首先就将一个整体结构进行划分分散,让一个整体结构能够划分成不同单元体;其次就是将每一个单元体内的刚度矩阵进行计算,按照所计算出来的数值与结果所具有的规律,构建总体平衡方程;然后还需要外界支撑条件因素进行分析研究,结合到总体平衡方程之中,再对总体平衡方面整体进行研究,计算出整体结构内每一个节点所限定的距离;最后就是按照每一个节点所移动的距离,对每一个单元体内的应力及应力变化进行分析研究。

(二)ABAQUS 有限元软件

设计人员在对于压力容器设计过程中,为了能够最大限度提高压力容器所具有的安全性能及精确性,就需要压力容器在生产完毕之后,具有较高的安全系数,这样才能保证压力容器在实际应用过程中所具有的效果。但是这种设计情况其他因素对于压力容器强度所造成的影响在分析上面就存在较高的难度,如薄膜应力,同时为了保证压力容器所具有的屈服数值达到一定标准,在设计过程中产生错误观点,进而造成压力容器无法在实际应用过程中发挥出自身所具有的功能。对于压力容器内应力进行有效控制,能够保证压力容器整体都能够承受压力,并不是压力容器局部承受压力,让压力容器在实际应用过程中能够充分发挥出自身所具有的作用。

二、压力容器的安全评定

压力容器在进行安全评定过程中,所应用到的基础理论就是断裂力学。断裂力学能够对物体在含有裂纹的情况下所具有的强度及裂纹变化规律进行分析研究,进而形成有关安全评定。

有限元法在实际应用过程中,需要借助计算机才能够将所具有的优势全部发挥出来。所以,在对于有限元法有关软件或者是程序设计研发过程中,需要根据有限元理论知识,结合有限元单元格式及算法,对于软件或者是程序进行设计,同时还需要与计算机发展趋势相结合,这样才能够充分发挥出有限元法所具有的优势。就现阶段有限元所设计出来的软件或者是程序而言,其中应用最为广泛的就是 ABAQUS 有限元软件,该有软件内包含有限元算法内的较多单元格式,同时还能够按照不同材料,制作针对性的材料模型,网格划分等功能都能够自动化完成,在对压力容器分析研究中,能够对于压力容器整个结构进行全面了解。ABAQUS有限元软件在实际应用过程中具有良好的功能，同时还能够在力学结构系统内进行分析研究，对于难度较高的非线性问题解决过程中，主要是通过构建模型模拟的方式。ABAQUS有限元软件在对于物体进行力学分析过程中，不仅能够对某一个单独存在的零件进行分析研究，同时还能够对系统性元件进行分析研究，利用自身在分析上面所具有的能力，其模拟能力在实际应用过程中具有良好的稳定性。

在1920年科研人员正式提出断裂力学观点，断裂力学刚开始产生的时候，主要应用到玻璃平板实验内，伴随着科研人员对于断裂科学不断分析研究，断裂力学在1948年正式产生。断裂力学可以划分为多种类别，现阶段应用最为广泛的应该是线弹性断裂力学，同时线弹性断裂力学也是对于压力容器进行安全评定的理论基础。要是从裂纹形状特点进行划分，可以将断裂分为三种形状，分别是穿透裂纹、表面裂纹与深埋裂纹；要是按照作用力类别进行划分，可以将断裂分化为三种类别，分别是张开型、撕开型与滑开型。笔者在对不同种裂纹分析研究之后发现，在研究过程中需要从裂纹尖端作为研究切入点，从应力场与位移场进行全面性分析研究。在分析过程中，需要将裂纹定点作为坐标起始点，按照线弹性理论进行分析研究，探索断裂在应力与位移上面所发生的改变。

在工程内，出现断裂最为常见的类别就是表面断裂，在对表面断裂问题解决过程中，正常情况下都通过表面半椭圆裂纹解决措施。对压力容器进行安全鉴定主要从四个方面进行判断，分别是气孔、咬边、未焊透与夹渣，在对这种问题解决过程中，一般都应用埋藏椭圆裂纹的解决措施。在对于压力容器进行安全评定中，在整个评定过程中需要按照断裂力学进行评定，这样才能够保证压力容器整体质量符合有关标准。

在对于压力容器强度因子计算过程中，正常情况下都是通过应用有限元软件的方式计算。但是由于压力容器所出现的裂纹相对而言较小，所以在对裂纹问题解决过程中，就需要将裂纹问题进行等效转化，改变为拉应力均匀的裂纹平板有关问题。压力容器在安全评定过程中，有限元法在应用过程中会构建模型，完成对应力数值的计算。假设压力容器内部厚度是88mm，这样所构建出来的模型长宽就应该为88mm与44mm，通过应用有限元模型对强度因子数值进行计算，在这个过程中还需要与原有公式进行分析对比，保证有限元法所构建出来的模型能够更加科学合理。模型在构建完毕之后，就需要对于网格继续划分，网格划分对于计算结果精确性具有直接性影响，所以在划分过程中必须严格遵守有关标准。有关结果在计算完毕之后，需要对结果进行重新计算预分析，进而保证所计算出来的强度因子数值科学合理。

简而言之，在对压力容器强度分析与安全评定过程中，整个过程都需要将两个力学作为理论基础，也就是材料力学与断裂力学，在系统性分析与计算之后得到针对性结果。现阶段对于压力容器强度分析与安全评定虽然已经较为完善，但是还存在一些不足，需要不断进行完善。

第二节　氨制冷系统管道的全面检验及安全评定

本节通过对芜湖市某企业氨制冷系统管道的全面检验，介绍氨制冷系统管道的原理及检验要点，分析氨制冷系统管道存在的一些问题，对检验中发现的问题用"合乎使用"的原则进行安全评定，减少了返修的工作量，避免了使用单位停产检修造成的重大经济损失，达到了既保证安全、又经济实用的目的。

氨制冷系统在医药、食品、啤酒等行业广泛应用，主要在企业生产过程中提供所需的冷量。大、中型的冷冻加工及冷库等制冷设备大多采用氨为制冷剂。目前，芜湖市涉氨制冷企业共有22家。氨制冷系统的安全直接关系到广大人民群众的生命及财产安全，因此如何加强氨制冷系统检验，特别是加强氨制冷系统管道的检验，对企业的安全生产有重要意义。

一、氨制冷系统原理

氨是目前使用最广泛的一种中压、中温制冷剂，代号R717。氨的凝固温度为-77.7℃，标准蒸发温度为-33.3℃，在常温下冷凝压力一般为1.1～1.3MPa。氨的毒性为中度危害，当空气中浓度达到0.5%～0.6%，人在其中停留30分钟即可中毒，有刺激性臭味，且浓度达到11%～13%时即可点燃，达到16%时遇明火就会爆炸。

氨制冷系统主要由压缩机、冷凝器、储氨罐、蒸发器、节流阀、气液分离器（低压循环桶）、油分离器、中间冷却器（辅助氨储罐）、紧急泄氨器、集油器以及各种阀门、压力表和高、低压管道组成。其中，制冷系统中的压缩机、冷凝器、节流阀和蒸发器是四个最基本部件。它们之间用管道依次连接，形成一个封闭的系统，制冷剂氨在系统中不断循环流动，发生状态变化，与外界进行热量交换。

氨制冷系统管道按设计压力分为高压侧管道和低压侧管道；按介质状态分为液氨管道和气氨管道。高压侧管道一般为压缩机出口至冷凝器进口管道、冷凝器出口至储氨罐进口管道、储氨罐出口至气液分离器或低循环桶进口管道（节流阀前）以及热氨融霜管道,其余管道均为低压侧管道。因高压侧管道和低压侧管道的工作压力及工作温度不同,所以对其检验应有不同侧重点,应特别注意热氨融霜管道及低压低温管道的检验。

二、检验内容

某企业氨制冷系统管道共876m,介质为液态氨及气态氨,设计压力:1.5MPa/2.0MPa(低压侧/高压侧),最高工作压力0.55MPa/1.2MPa(低压侧/高压侧),设计温度:20℃/36℃(低压侧/高压侧),工作温度:-20~7/32℃(低压侧/高压侧),管道材质为20#钢,管道级别为GC2。该管道2012年11月投用,2015年12月开始对该管道进行第一次全面检验。

三、全面检验方案

(一)原始资料审查

原始资料包括设计图纸、竣工图纸、监督检验报告、安装质量证明书、运行记录、改造维修报告、氨成分检测记录等。

(二)空视图的绘制

由于部分氨制冷系统建造已久,原始资料丢失,或者某些氨管道设计图纸中并无空视图,为了检验及安全评定的需要,需对每一段管线进行现场测绘及空视图的绘制。空视图必须注明各段管线的起止设备、管线走向及定位、支吊架、各管道组成件及安全附件等,特别是阀门及支吊架的定位要准确,这些都是管系应力分析所需的基础数据。

(三)外部宏观检验

管道的外部宏观检查包括检查整个管线的位置及结构是否正常,个别管线之间是否存在碰撞或摩擦;检查管道表面是否存在裂纹、折叠、重皮、变形;检查是否存在局部腐蚀严重的管道;检查管道支吊架有无错位移动,固定支架是否牢固可靠;检查管道及其接口法兰、焊缝、阀门填料等处是否有结霜现象;检查安全阀、压力表是否在有效期内;检查焊接接头是否存在余高超高、咬边、错边情况,特别是固定焊的焊接接头、弯头与直管处的焊接接头;检查法兰跨接及静电接地的电阻是否合格;对有保温材料的管道,重点拆除检查保温层的破损处,当发现有严重缺陷时,应扩大拆除保温层的范围。

特别应加强对重点部位的检验,如压缩机、泵进出口管道第一道焊缝或法兰;管道插接处角焊缝及管帽处焊缝;应力集中区域的管道弯头、三通、异径管等管件。对某些法兰、角焊缝等较难查看的部位可采用酚酞试纸的方法检验是否存在渗漏。

（四）测厚检查

氨纯度对金属管道的腐蚀有较大影响，纯氨在 -2℃~32℃的温度下，腐蚀速率小于 0.05mm/年；浓度小于 30% 的氨水在 50℃~100℃的温度下，腐蚀速率为 0.05~0.5mm/年。

氨液成分检验可参照 TSG21—2016《固定式压力容器安全技术监察规程》中"小型制冷装置中压力容器定期检验专项要求"；氨液成分应符合 NB/T47012—2012《制冷装置用压力容器》的要求，即氨液中氨浓度应大于 99.998% 或者氨浓度大于 99.6% 且含水率大于 0.2%。依据《在用工业管道定期检验规程》，采用超声测厚仪对弯头、三通、变径管等管件进行抽查检测，抽查比例为 20%，每个弯头、三通、变径管不少于 9 个测厚点。重点抽查热氨融霜管道及低压低温管道易产生积液的部位。

（五）无损检测

依据《在用工业管道定期检验规程》，GC2 管道的焊接接头一般应该进行超声或射线检测抽查。考虑管道外径以及壁厚等因素，大多采用射线检测，对于无法停机检验且有保温层的低压侧管道，建议采用 DR 数字成像技术检测焊接接头。GC2 管道焊接接头抽查比例为 10%，并且不少于 2 个。重点抽查制造、安装中返修过的焊接接头和安装时固定的焊接接头；错边、咬边严重超标的焊接接头；表面检测发现裂纹的焊接接头；泵、压缩机进出口第一道焊接接头或相近的焊接接头；支吊架损坏部位附近的焊接接头；异种钢焊接接头；使用中发生泄漏部位附近的焊接接头。2013 年发生的两起严重氨泄漏事故，都是管帽脱落导致，因此管帽处的焊接接头也是重点抽查部位。

四、检验结果

对该企业氨制冷系统管道的焊接接头进行了射线检测，共抽查了 108 个焊接接头，其中 30 个焊接接头依据《在用工业管道定期检验规程》评定为 4 级不合格。

五、安全评定

针对该企业停机整改会造成重大经济损失的实际情况，综合企业安全管理水平、管道运行记录、制冷机房通风、氨浓度报警设施等因素，为保障管道的安全运行，需对不合格的焊接接头进行安全评定。本次安全评定采用 GB19624—2004《在用含缺陷压力容器的安全评定》附录 G 及附录 C 对焊接接头缺陷进行计算评定。

为安全评定的需要，对管道进行了管系有限元应力分析，运用国际上公认的管道有限元分析软件 Caesar II 进行柔性分析与应力校核。应力计算的条件：内压、自重及管件引起的集中力，对含缺陷焊接接头的管线进行了有限元应力分析计算，主要考虑了管道的一次薄膜应力、二次弯曲应力、残余应力、热应力，根据绘制的空视图、运行工况、实测最小壁厚，分段建模，运用 Caesar II 软件进行了管系的一次应力与二次应力校核。从计算结果可以看出，该管系处于低应力水平，一次应力与二次应力均满足 ASME B31.3 的要求。依据《在用含缺陷压力容器的安全评定》GB19624—2004 附录 G 及附录 C 分别计算各缺陷焊接接头的断裂比 Kr 和载荷 Lr，代入函数公式。经计算，所有缺陷评价点位于安全区内，结论合格。

对氨制冷系统管道的全面检验应做到具体情况具体分析，不同运行状况的管道应提出不同的检验方案。对无保温层的高压侧管道焊接接头应重点检测管帽、弯头、三通等应力交变处；对有保温层的低压侧管道焊接接头可采取局部拆除保温射线检测或超声检测；对无法拆除保温层的在用管道焊接接头可采用 DR 数字成像技术检测。考虑企业的实际情况，对检验中发现的问题可根据"合乎使用"的原则，在保障管道安全运行的前提下，可对超标缺陷进行安全评定。

第三节 受火压力容器的检验与安全评定

压力容器受火检验措施与安全评定工作的有效落实，一方面需要根据火场环境进行分析，确保准确划分压力容器受热带层次，才能确保安全评定工作能有效落实；另一方面需要构建完善的安全评定条例，判定受火压力容器的损伤状况，才能为后续维护工作的开展奠定基础。本节基于受火压力容器受损因素展开分析，在明确检验措施与评定原则的同时，期望能够为后续工业设备安全体系的构建提供参照。

一、受火压力容器受损因素分析

受火压力容器在火灾等环境中因承受周围不均匀的加热及冷却施加的应力，通常压力容器的材料形变量与损耗速率会受到极为严重的影响，在未做完善的保护措施情况下，压力容器材料会承受不同程度损伤，为降低整体工业运作的经济损耗，通常需要对受火压力容器进行综合评判，并确定安全等级，才能确定容器是否具备持续应用的条件。从常见的受火压力容器状况来看，容器可分为以下几种损伤类型：

（1）压力容器材料在使用环境中，因表层碳钢等合金材料会受到淬火等作用影响，使材料始终在冷热环境中徘徊，时间一长自然会对压力容器的韧性与刚性造成影响。

（2）在压力容器淬火作用期间，碳钢与合金材料会受环境影响出现内部晶粒化的情况，使金属材料出现膨胀、软化、变形与韧性丧失的情况，如此便极难满足压力容器金相系数的要求，同时也会对压力容器本身使用的质量带来极为严重的影响，甚至可能对操作职工的生命财产安全埋下隐患。

（3）在火场环境中，压力容器因为不均匀受热的影响，通常整体材料热能环境会受到蠕变反应的影响，使材料的韧性难以满足材料形变量的系数，导致压力容器出现裂缝与孔洞，甚至直接导致压力容器的材料整体性受到影响，使压力容器后续使用隐患不断。

（4）在火场环境中，因为火灾受热区的状况无法被有效掌控，通常会导致熔点较低的材料熔化，滴落在容器内表面后，便极易造成金属腐蚀，甚至冷凝环境中，介于不同的形变参数，会使压力容器金属应力不均匀。

（5）在火场等高温环境中，部分金属的氧化速率会被迅速提高，若无法对设备进行定期检查，则势必会影响容器内壁厚度，为后续设备的使用埋下风险因素。

二、受火压力容器损伤检验措施

检验受火带状况。在受火压力容器评定与检验工作开展之前，必须明确压力容器受火带位置，并且在火灾环境中，更需要根据火场状况，判定区域内相邻设备的损伤状况，从中找寻出相同处与差异处，以便为整体受火压力容器的检验奠定资料基础。由此可见，在对受火压力容器中受热带划分期间，必须确保火场勘察质量与压力容器损伤机理有较完善的认知，并具备完善的审核校对基础，判定受火压力容器实际状况，确定火灾期间压力容器的受热温度范围，才能为后续安全评估工作的落实提供帮助，并赋予检验工作开展的意义。

在检验工作开展期间，能够在火灾现场环境中判定火源点，并通过大范围的温变迹象划分压力容器受火带的层次，以便判定受火压力容器使用的风险与材料损耗状况，特别是常用的聚合物金属氧化与剥落的问题，更需要被着重关注，由此判定事故为高温火场造成，以便更细致地把控受热压力容器的损伤状况。

根据以往火场压力容器受热状况可知，一个受热压力容器通常存在多个受热带，在损伤检验期间，必须着重对受热最集中的部位进行分析，并将此部位的数据带入安全评价体系内，由此判定火源对压力容器的实际影响，并判定压力容器可持续利用与修补的可能性。

检验需注意事项。根据划定的受热带与受热损伤形式对每一个遭受火灾的压力容器（元件）制订相应的检验方案。检验方案应考虑收集下列数据：①筒式容器的半径和周长变化、立式和卧式容器的外形尺寸、壳体和管段的直线度接管方位及其垂直度测量等。②壁厚测定。③母材和焊缝的硬度测定。④表面裂纹检测（采用磁粉、渗透等方法）。⑤现场金相组织检验。⑥已拆除元件试样的力学性能测定。如相邻的同材质的管道构架或已决定更换的受火设备等。⑦设备产生的熔化涂装破坏、保温条件以及围栏结构等相关的表面条件。

应对遭受火灾的所有设备进行硬度测定，以评估其火灾后的材料强度。为保证现场硬度测定数据的准确性，应对测量区域的金属表面进行打磨，去除约 0.5 mm 的氧化皮及表面渗碳层和脱碳层。

硬度测定在评价碳钢和低合金钢抗拉强度方面很有帮助，对于其他材料性能（如韧性和延性等）小范围改变评价也有帮助，如可对处于 I 级到 IV 级受热带区域的碳钢压力容器进行硬度测定，并与暴露于更高温度 V 级和 IV 级的硬度测定结果进行比较。硬度测定有时可给出韧性损失的指示，但是由于硬度和韧性之间没有直接的对应关系，有时并不可靠。由低于极限温度下限的温度造成的材料软化，通常引起材料韧性的变化很小。因此，对低于该极限的温度通常不予考虑。相反，高于下限温度的加热引起的相变可显著影响材料韧性。

三、受火压力容器安全评定分析

火灾过程调查工作。在火场被扑灭后，首先要对火灾引发过程进行调查，根据现场不同的燃烧状况分析火源位置与设备恢复使用的可能性，在调查期间还需要确定压力容器各元件承受温度的极限数额，并收集燃料性质与冷却速度数据，以便为后续安全评定工作提供可参考的资料。

期间，在调查火灾状况时，可从以下几个方面开展：（1）找寻火灾设备位置的平面安装图纸；（2）找寻火源位置及事故风向环境；（3）控制事故的水源情况与流向；（4）火灾持续时间；（5）火焰反应物与压力容器的兼容性；（6）压力容器在事故期间的温度与安全阀管理数据，以便为压力容器安全评定工作的开展提供全面的数据参考。

评定方法及原则。在安全评定工作开展期间，可分为三级评定。从评定流程来看，1 级评定是对评定数据的筛选，以此确定压力容器事故是否取决于受热带环境，由此审核设备的适用性，并对后续环境运用有大致的研究方向。2 级评定工作是对受火材料元件的强度进行评估，确定火灾可能导致的裂痕与变形问题，由此判定元件的形变量数据，以便为后续压力容器元件与材料的选择提供体系化的评定基础。3 级评定是通过容器应力环境与金相组织分析火灾风险的应对措施，可通过取样分析巩固评定数据，并筛选出评定方法内的保守量。

受火压力容器检验与安全评定措施的有效落实，不但能够为压力容器的可持续利用提供更加全面的数据化参照，从而降低火场等环境中压力容器的损耗概率，同时也能够将材料有效利用，为工业体系的可持续发展奠定坚实基础，避免进一步经济损害。故而，在论述受火压力容器的检验与安全评定期间，必须明确压力容器金属材料可能遭受的损害与潜在风险，在明确应对措施并将其实践后，才能为后续压力容器的可持续利用提供保障。

第四节　电站氢气压力容器安全性能的评定

电站压力容器因具有高危、特殊的行业性质，其日常安全监督标准、管理流程、检测程序等流程也相对较为严格，且其操作运行方法也需依照国家的有关标准、程序要求、规范流程进行严格的监督和管理。因此，做好科学合理的检测工作，提升其运行性能，便显得尤为重要。

目前在我国各地区，电站压力容器的应用十分广泛，其类型及性质也十分多样化。大致可分为换热器、除氧器、疏水扩容器、空气以及氢气储气灌等。本节主要是以氢气压力容器为研究主题，并对电站氢气压力容器的安全性能展开科学的评价。首先，对其压力容器质量监控流程、材质检测流程及工艺性能所应采用的检测方法，提供相关的对策建议；其次，对电站氢气压力容器的安全性能，进行客观的评价及性能调测改进。

一、电站氢气压力容器安全检测的重要性

电站作为一种重要的能源供输基地，为我国的建设做出极大的贡献。然而，由于电站压力容器在其持续运作的过程中，会不断产生消耗、发生磨损，处于长期高压运作的环境之下，容易受到高温的影响，使内部压力增强导致温度发生变动问题，并容易出现效率故障，从而导致各种安全事故的发生。

到目前为止，国内各地区氢气压力容器虽然已十分多见，但是无论采用哪种类型的压力容器，通常情况下，如果在设计及进行装置的时候，没有采取合理、科学的措施，将容易在后续的运行过程中发生故障和问题，且不断暴露出更多的安全隐患。对此，如果不及时发现问题，进行性能优化并提升安全防范策略，将会使问题不断扩大，从而导致爆炸及人身伤亡事故的出现。因此，对其进行定时、定量的安全检测，是一项十分重要的安全防范措施。

二、氢气压力容器的定期检验

　　首先，在进行组装设置之前，要考虑到氢气压力容器所能承载的负压能力；其次，对各个组装步骤、流程，进行合理的设计及进行检测；此外，要严格依照国家有关组装标准及规范流程具体执行和实施。以前电站压力容器出现运行失效，多为设计组装程序出现疏漏而引发的。

　　随着全球高新技术、安全监测能力的不断进步，我国的技术检测能力、安全监督流程，也越发高效和精湛。近年来国家对电站的日常运作，做出了定时定期的规定检查要求，电站压力容器的风险频率有所下降。通过对相关的研究资料进行梳理整合，将氢气压力容器的检验方法、标准流程，划分为以下几大部分：

　　（1）根据项目需求进行安全检测。现阶段，为了防止压力容器运行失效或是出现故障、事故风险。根据国内目前有效的检测方法，主要是根据项目的运行需求，来对氢气压力容器的检测流程进行区分，分为外部检查、内部检验及耐压试验。

　　（2）定期进行年检。通常情况下，出现外部问题较容易发现，也能及时进行调控和修正。大多情况下也会有专业人员来对电压容器做出日常监督，并对其运行性能进行安全评价，分析它的可靠程度或是消耗、老化、磨损程度。但是，内部安全因素难以发现，且存在较大的不稳定性和风险，因此，为了避免安全隐患，提前做好风险防范，每年固定一次内外综合检测，是一项必需的重要流程。

　　（3）根据容器自身的运行环境、条件、问题进行检测。氧气压力容器同样会存在外部、内部缺陷两大问题，在进行具体检测时，首先，是要根据容器的实际情况，针对其运行环境、条件、问题现状，来做出细量化的判断。通常，如果没有出现严重腐蚀，各内、外部件性能、运行情况良好，则可3～5年进行一次内部安全质检；如果存在内部老化、磨损、消耗速度较快，幅度较严重的，则有必要做出维修、保养、更换等检测工作，且按腐蚀速率控制使用寿命的氢气压力容器，其内部安全质检的频率，应在半年以内进行一次检测。

三、氢气压力容器的检测标准

　　从上文的研究中我们可以得知，氢气压力容器的定期检测工作，主要是根据其组装设置、实际操作、运行环境等不同需求来加以区分，并定期、定量进行检测的。下面我们对它在实践运行之后的检测标准，来展开详细的探讨。

　　首先，在氢气压力容器在组装完毕，并在得以操作、运行的过程中，要注意一个问题，即至少要在1年以内，对其做出1~2次的耐力试验。投用后的容器，其首次内外检测，通常为3年1次；但在过程中，要至少每年1次，对安全阀、压力表进行性能检测；对测温仪表、液面计的性能检测，则可依照地方标准，或是计量部门的检测标准进行检测或更换。

其次，对由于存在不良介质，从而令氢气压力容器及相关部件出现磨损、腐蚀的情况；或是因不明因素导致容器内外部件出现故障，使整个容器运行异常、性能损坏、效率下降的；因操作失误、人为因素或是运行环境恶劣，使氢气压力容器问题频发的；由于运行单位没有依照国家要求标准，定期年检和进行性能优化调试的等，可适当缩短安全检测周期，即可根据不同情况加大检测力度。

最后，其日常安全管理、日常监督、检测规范，一定要严格依照国家的政策和相关检测标准，以及单位的相关要求来进行合理检测。具体应遵照《压力容器安全质量监督检验项目表》《压力容器安全质量监督检验项目表说明》《压力容器安全技术监察规程》《质量管理体系运转情况检查项目表》等相关流程来具体执行。在进行安全检测时，临检部门与受检单位，如果存在异议和意见纠纷，需要向当地政府劳动部门提交申诉并要求仲裁处理。

四、氢气压力容器的材质设计工艺性能检测

通常压力容器的检测工作主要以现场检测为主，由专业的检测部门和质检人员进行质检，并经确认质量达标之后，受检单位才可投入运营。符合质检标准，主要是指压力容器的材料、工艺性能符合国家制定的安全性能标准。

其中，氢气压力容器材质的检测环节，主要包括材料的采购、验收、入库、存放、管理、发放、应用等；另外，其工艺性能的检测流程主要包括图纸的设计、工艺审核、组装、应用、操作、维护、产品标识以及应用过程中的监督评测登记等各方面的检测。

除此之外，对投入应用的电站氢气压力容器，是否进行定期维护、管理、检修、性能优化处理等相关流程，也有严格监督标准、行业运行要求。检测部门有权对受检单位的工艺组装过程、控制管理的记录进行取证抽查。对受检单位安全处理和防护工作，也有相关的评价指标鉴定。

控制质量安全的标准，同样也十分严格。一般情况下，氢气压力容器出现问题，除了有先天性生产因素，也不排除设计不合理、制造过程出现缺陷、组装工艺不合理等因素，从而导致返修、作废、更换的情况。对此，为了使容器质量更有安全保障，减少风险隐患或出现运行失效问题，就要求商家要自我监督，提升安全生产能力，并且配合检测部

门的检测工作，减少错误、失误的生产环节，加强过程管理并改进工艺生产流程等。

综上所述，随着电站所发挥的能源供给作用越来越重要，基于电站氢气压力容器的应用也得到了重视。但是，在实际情况中，如果压力容器在持续运行过程中，出现温度或压力过高，将容易导致内、外部件的损耗率增大，影响其运行性能，最终导致各种安全事故的出现。

基于以上背景，本节主要结合笔者的专业知识，并根据目前的实际需求，对电站氢气压力容器的日常安全运行、监督管理、性能评测等流程展开具体的探讨描述。通过对其检测方法、标准流程、工艺性能等方面进行简要而细致化的研究，为我国电站的健康运营发展提供客观合理改进对策。只有依照国家的安全检测标准来对电站压力容器进行合法、合理的试验检测，才能提升其日常监督管理能力。

第五节　金属压力容器声发射在线检测和安全评定

随着时代的发展，各行各业都获得了较大的发展，尤其是工业产业部门，在国民经济增长中发挥了巨大的作用。因此，在这样的背景下，在工业产业的生产实际中，某些压力容器作为相关装置的气源，同样发挥了巨大的作用。但是，需要注意的一点是，在工业生产运行的过程中，整个压力容器处于一种不能停止的状态，对这些压力容器进行周期性的检查成为一个较大的难题。针对这种情况，本节借助于声发射技术进行相关压力容器的在线监测，并且给出相应的检测方法，进一步促进我国工业生产的可持续发展，更好地在国民经济增长中发挥作用。

当前，伴随着我国经济市场化改革的不断深入，各行各业在经济增长中发挥的作用也出现了较大的变化。但是，工业作为我国经济增长的重要产业，在国民经济增长中仍然发挥着重要的作用。作为工业运行中必需的压力容器，是其他装置的气源所在，对于整个生产工艺的重要性不言而喻。在这样的情况下，为了实现金属压力容器的有效运转，需要定期对其进行检修，不仅是要确保压力容器的运行状况，还要尽可能地预防未来出现问题的可能性，所以选择正确的在线监测方法是在线监测的重点和难点。

一、当前我国金属压力容器监测的现状

（一）金属压力容器的应用

金属压力容器广泛应用于我国的化工、石油、医药、食品以及航空等行业，是一种工业生产的必要设施，对于人们的日常生活有着较大的影响，涉及国民经济的增长与人们生活水平提升的多个领域。但是，由于这些设备中多数都是储存着高压、高温，或者是易燃易爆、抑或是剧毒的介质，一旦发生问题，对于人们的生命财产安全将造成不可估量的影响，不仅如此，还会造成严重的环境污染问题，对于社会发展的影响较为恶劣。

（二）金属压力容器在线监测中存在的问题

由于我国在20世纪90年代初，对于大型常压储罐和相应的压力容器制定了必须定期停产开罐监测的方式，所以出现了较多的无损检测方法，包括射线检测、磁粉检测、超声检测等等。这些监测方法虽然在一定程度上发挥了作用，但是还存在一定的问题。由于需要停产检验，所以在整个停产的过程中，工作量较大，监测与后期的维修费用相对较高，对于企业来说损失相对较大，还会在一定程度上产生抵触情绪。

二、声发射技术在金属压力容器在线监测中的应用

20世纪70年代逐步成熟的声发射技术，主要是用于检验材料在受载条件下内部出现裂纹的萌生与扩展情况，还能够监测金属压力容器的腐蚀与损伤情况，并且能够在大型结构件中进行快速动态的检测，在工业行业检测中得到了较为广泛的应用。声发射技术，主要是指在材料中局域源快速释放能量，并且产生瞬态弹性波的现象，因此，声发射也被称之为应力波发射，属于一种比较常见的物理现象，由于大多数的材料在变形或者是断裂的过程中都会产生一定的声发射现象，虽然人的耳朵不能直接识别，但是借助于先进的电子仪器，能够通过这种方法实现对于仪器扫描的目的。

（一）应用实例

本节以某液化气充装站需定期检验一台液化石油气储罐为例进行研究，指出在日常居民液化气充装量较大的情况下，尽可能缩短检测的时间，制定具体的声发射检测的过程，提高其安全等级。

（二）金属压力容器现状

该金属压力容器为2009年出产，筒体设计的压力值为1.76Mpa，主体的材质是16MNR，容器的规格是2600mm×9988mm，该金属压力容器的容积为50M3，公称壁

厚为封头 18mm，筒体为 16mm，该设备的上次全面检验时间为 2010 年，检验合格，并未发现存在超标的缺陷问题，并且进行了气密性实验和耐压性实验。

（三）实验过程

在实验布置好相关的容器探头之后，进行相关的加压操作。本次实验的探头布置于容器后实测系统的背景噪声 < 39dB，并且设置的门槛电平为 40dB，在实验中模拟的声发射信号为 HB 为 0.5mm 的铅笔芯折断，并且两者之间的距离为 100mm，值得注意的一点是模拟的原信号幅度要大于 90dB，对其中的 9 个探头进行灵敏度标定，然后进行相关的实验。在经过两次加压实验中，均未出现相关的问题。尤其是在第一次加压循环的升压、保压阶段，各个声发射检测点都表现出合格的状况。为了确保检测的有效度，进行了表现的磁粉级超声波检测复验，并未发现超标缺陷问题。

在实验的过程中，通过两次升压、保压操作，声发射技术检测给出了金属压力容器的安全状况，并且有效地呈现出具体的操作点状态，这对于我国的金属压力容器的状态检测具有重要的意义，因此，在当前作为一种成熟的声发射检测技术，应用的范围逐渐增多，并且表现出一种经济、灵敏和简洁的特征，已经成为我国金属压力容器检测的常规方法之一。

第六节　在用蒸压釜的定期检验和评定

作为一种大型压力容器——蒸压釜受到工作环境复杂等因素的影响，运行的安全性和稳定性一直存在着一定的问题，且一旦发生安全事故，那么不仅对生产人员生命安全造成严重影响，同时也会导致巨大的经济损失。鉴于此，在日常的工作中应当做好蒸压釜的检验工作，注重检验中的细节问题，做好相关的安全评定工作，最大限度地降低安全事故的发生概率。

在现代化工业生产活动中，蒸压釜应用较为广泛，尤其是在建筑领域，如加气混凝土砌块、混凝土管桩、灰砂砖等制造过程中具有极高的应用价值。作为一种快开门压力容器——蒸压釜的整个操作过程是典型的间歇操作，也就是说在每一个工作周期中都需要历经升压、保压、降压等过程，工作环境较为复杂，如空气、冷凝水、料渣等都会不同程度地对釜体造成不利影响，另外受到整个附体本身体积大等影响，生产活动中有一定的安全隐患，一旦发生安全事故，那么带来的损失将是无法估量的。

一、在用蒸压釜的定期检验

由于蒸压釜所受到的交变载荷，其釜体与釜盖之间是通过快开门方式实现连接的，故而在生产中可能会发生事故，且一旦发生事故，那么所造成的后果将是无法估量的。从这一层面分析可知，蒸压釜设备的运行状况对企业生产活动的进行存在直接性的影响，因此如何做好蒸压釜设备的定期检验工作是关键。

宏观检验针对蒸压釜检验工作而言，宏观检验方法较为常用。而所谓的宏观检验主要就是通过目视来对蒸压釜结构、尺寸、表面情况、焊缝等进行观察分析，查看其是否满足规定标准。事实上，宏观检验内容较多，如检查釜体内焊接接头处是否存在裂纹。长时间以来，蒸压釜都是处于一种周期性运行状态中，所受应力为交变载荷应用，同时在运行过程中可能出现排水管堵塞现象，这样一来釜体内的冷凝水排出受阻，定会造成釜顶和釜底之间出现表面温差，从而造成釜体内焊接接头出现疲劳裂纹，而这些裂纹可以通过磁粉进行检测，且检测结果较为准确。

壁厚检测技术人员在对在用蒸压釜进行检验过程中，测定工作至关重要。而通过壁厚测定工作可以进一步确认设备的厚度。在开展该项工作过程中首先应当设置一定的测点数，尤其是针对一些代表性位置应当进行壁厚的测定，如容易产生腐蚀、磨损等地方。蒸压釜底部受到坯料堆积、冷凝水无法及时排出等因素的影响，长时间作用下容易出现腐蚀坑，这就要求在进行壁厚测定过程中必须将腐蚀层去除，之后通过砂轮机打磨平整后再进行壁厚测定工作。其次，针对壁厚异常的区域应当扩大测定范围，设置更多测点数，做好数据测定和记录。

二、在用蒸压釜评定工作

通过上述分析可知，受到多方面因素的影响，蒸压釜在生产活动中可能会发生安全事故，并造成一定的经济损失，故而在日常的工作中除了应当做好相关方面的检验工作外，还应当保证评定工作符合相关的标准，为蒸压釜安全稳定运行高质量完成生产任务奠定扎实的基础。

一般情况下，蒸压釜评定工作依据是断裂力学理论，该方法的运用一方面可以准确发现一些潜在的缺陷，另一方面也可以有效地降低成本。以 A 企业中 1#、2# 蒸压釜为例进行评定分析。A 企业 1#、2# 蒸压釜容积为 269m，重均为 97.3t。经过一段时间使用后，技术人员发现该蒸压釜运行存在着诸多的问题，故而开始对其进行全面的检验，评定方法使用的是日本焊接协会 WES-2085K 焊接缺陷性破坏方法，旨在对超标深埋缺陷进行危害性评定分析,过程中技术人员结合实际情况对一些超标体积性缺陷给予了保留处理。其损伤程度是通过纵、环缝埋藏缺陷计算出来的,在计算过程中工作压力取值1.3MPa。从实践情况分析发现,缺陷上存在的作用应用主要包括膜应力、残余应力、集中应用、弯曲应力等。例如,16Mn 钢 J507 焊接接头等位置的断裂韧性取值为 0.06mm。

综合上述分析可知,评定结果的缺陷是允许的,故而 1#、2# 蒸压釜可以在 1.3MPa 压力条件下使用。在今后蒸压釜使用过程中,企业应当强化管理,严格把控腐蚀裕量,延长蒸压釜的使用年限。例如,企业在日常管理维护工作中应当制定定期检验制度,在第一时间排除运行隐患,全面保证蒸压釜的运行安全。通过蒸压釜事故调查分析发现,不科学的管理、检查不到位等现象的存在是导致蒸压釜缺陷扩大的主要原因,随着缺陷的不断扩大,剩余强度不足,极易出现爆炸事故。故而在今后的管理工作中应当将此纳入工作重点,切实保证蒸压釜的正常安全工作。

综上所述,事实上,在进行蒸压釜检验和评定工作中,技术人员需要结合蒸压釜本身结构和运行特点来制订针对性的检验和评定方案,保证结果的准确性,掌握蒸压釜安全情况,为企业生产活动的顺利进行奠定扎实的基础。

第九章 特种设备应用研究

第一节 特种设备检验中大数据的应用

随着我国经济的不断发展，到目前为止我国已经进入了大数据时代，我国针对大数据的应用也变得越来越广泛，对于我国任何一个行业来说，都和大数据有着极为紧密的联系。在对特种设备进行检验的过程当中，和大数据做好紧密结合，充分利用大数据所带来的便利，能够最大限度提高特种设备的检验质量。本节主要是针对我国特种设备的检验中大数据应用进行分析，主要从质量检验、风险评估以及管理方式等几个方面来展开研究，希望文章的研究能够为我国特种设备检验起到很好的促进作用，同时也希望通过本次的研究能够为更多的从业人员起到参考作用。

到目前为止，我国的科技水平得到了前所未有的发展，与此同时，我国计算机水平也得到了极大的提高。目前越来越多的和大数据相关的技术已经逐渐走入了人们的视野，在我国绝大多数的生产行业当中，都致力于对大数据技术的研究以及使用。在大数据被人们广泛关注的背景之下，也在很大程度上体现了其在工业生产的应用价值。通过大数据技术能够为人们提供更多更可靠的信息，与此同时，也给人们的日常生活带来了极大的便利，给企业带来了创造性。在对特种设备进行检验的过程当中，大数据技术也同样有着极为显著的成效，无论是对于企业的生产效率还是对于企业的发展，都起着不可代替的作用。特种设备企业在对特种设备进行检验的过程当中，能够充分对大数据的技术以及思维方式进行有效利用，从而提高了产品的质量。

一、基于特种设备的检验及预防

在绝大多数情况下，针对特种设备的检验是企业确保安全生产的首要条件，同时也起着极为重要的作用。在企业对特种设备进行检验的过程当中，往往需要企业出示相应的检验报告。对于检验报告来说，其往往是检验特种设备最为主要的结果以及形式，在检验报告中，检验数据更为主要。企业在对特种设备进行检验的过程当中往往会涉及很多的检验数据。除此之外，所需要涉及的部门也很多，在对特种设备进行检验的过程当中，不仅要对设备进行直接的检验，获取大量的检验数据。同时还需要和其他的部门进行有效沟通以及协调。其中包括特种设备的使用公司以及安装维修公司还有相应的改造公司。在这样的一个过程当中，将会产生极为庞大的检验数据。如果能够对这些数据进行详细的分析以及探讨，通过大数据技术对其进行统计，从而使其成为特种设备的检验工具，那将会在很大程度上提高特种设备的检验质量以及效率，同时还能够在很大程度上提高企业的生产水平。

（一）基于大数据技术的特种设备检验

在多数情况下，针对特种设备的安全检验往往会存在着很多的模型，通常的做法是要对检验的结果进行充分考虑，要充分了解检验结果的影响因素以及可能存在的一系列影响。检验结果往往指的是安全事故发生的影响程度，其往往涉及很多方面，其中包括设备以及环境还有人员等等。影响的严重程度往往是对事后安全因素的分析，其往往是从特种设备技术以及管理的几个方面进行分析。在针对特种设备安全事故因素分析的前提下，还需要对日常的管理以及工作进行详细的研究，针对模型在操作性特点方面进行分析，这样能够更好地对特种设备的风险进行评估。对于特种设备的资料来说，其往往可以通过检验报告以及相关资料还有技术人员那里获得。对于特种设备资料来说，其往往涉及设备分析、设备记录以及其他技术资料等。针对那些在特种设备中较为重要的零部件来说，往往需要更加详细的记录。所以，在特种设备上安装相应的检测系统是极为重要的，能够更好地获取相应的运行数据。针对特种设备的检验报告以及数据进行充分分析，通过特种设备的检验技术能够在很大程度上实现特种设备的安全参数收集。除此之外，其他的一些类似设备也能够利用这样方式来进行风险参数的获得。

（二）特种设备安装及维护的分析

针对特种设备的安装以及维护，往往是整个大数据系统中最为重要的一个环节。其往往和特种设备的安全情况以及相应的参数有着必然的联系。通常情况下，那些技术服务相对较好的开发商，其所提供设备的安全等级往往是较高的。因此，针对大数据系统的安装以及维护就显得极为重要。对于特种设备的安装以及维护来说，其往往有一定的技术标准以及流程，在对大数据平台进行建设的过程当中，往往会涉及特种设备的技术特点以及覆盖范围。安装及维护有时候是由不同的单位负责的，在设备采购到货后由供应商进行安装调试，在超过维保期后，一些业主可能会将维护工作分包给第三方企业。这种情况就使得特种设备的维护工作主要依赖于技术人员的个人经验，这在很大程度上是缺乏科学性的。一方面，技术人员在技术的掌握上不可能面面俱到；另一方面，相关部门掌握的特种设备大数据在设备运维方面无法发挥最大价值。即使部分大数据得到了初步应用，但在对相应的数据进行分析的过程当中，往往是依赖于工作人员所进行的，这将会在很大程度上影响设备的效率。我国目前已经大范围应用了大数据技术，通过大数据技术的使用往往会能提高工作效率。

二、提高特种设备检验效率

通常情况下，设备检验水平的高低是在整个特种设备检验过程中极为重要的环节，如果相应的检验单位具有极为健全的管理机制，那么将会在很大程度上提高特种设备检验的效率，除此之外，还能够对整个机构的检验效率进行有效促进。如果想要更好地提高内部检验水平，关键技术是对大数据信息平台的有效利用。针对特种设备进行检验，其水平的高低能够对信息化的水平进行更为直接的体现。到目前为止，针对大数据信息化平台建设已经被我国越来越多的企业认可，通过对信息化的建设，能够有效提高特种设备的检验。与此同时，针对特种设备的检验管理系统的开发也将会直接对信息化水平产生影响。我国目前绝大多数的公司都会选择采用自己所研发的系统管理软件来对大数据进行有效的分析以及收集。其中包括检验系统、管理系统以及公文流动系统等等。在对特种设备进行检验的过程中，可以和公司特种设备所在的位置信息相结合，针对检验的路线以及所需要检验的工作进行提前规划。对于特种设备智慧检验系统的使用不仅可以有效地对工作人员水平进行评估，同时还能够对设备检验过程中所遗漏的信息进行必要提醒。

针对特种设备的检验结果以及相应的管理数据，通过大数据平台对其进行处理以后能够更加准确地获得特种设备的使用情况以及磨损信息，能够在很大程度上帮助特种设备管理人员对零部件进行及时更换以及材料库存的补充，从而确保特种设备的管理以及维护工作顺利开展，在很大程度上保证了特种设备运行过程的安全性以及稳定性。不仅降低了企业的生产成本，同时还能够有效提高生产效率。基于大数据平台的管理方法实施，是传统设备检验管理无法实现的，所以，运用数据技术是实现整个系统安全运行的关键。在对基于大数据技术的特种设备进行检验的过程中，主要的建设思路是围绕互联网即时以及大数据系统展开的。针对特种设备综合信息大数据系统的建设，不仅能够对特种信息的信息来源进行便捷查找，同时还能够对信息的规律进行追踪。能够为特种设备的检验提供一个更为精准并且更为全面的内部管理信息。

三、改进特种设备的产品质量

特种设备由于其性质上的特殊性，国家要求只有具备相应资质的单位才能进行检验工作，因此特种设备的检验工作通常会集中在为数不多的若干企事业手中，这也就造成了检验中产生的大数据也集中在检验单位或部门手上。相应的特种设备检验单位能够针对设备的故障进行有效的统计分析，得到关于特种设备运行情况的统计特征信息，但这些信息只能反映一种现状或趋势，并不能在更大范围内发挥作用。当前一些特种设备生产企业与检验单位达成合作，将检验大数据引入产品的研发设计环节，通过大数据分析结果对产品的优化改进提供思路和参考，并借助于大数据平台对产品进行有效的优化和质量的改进。相应的特种设备使用单位可以按照其自身的自检报告以及准确的检验结果对特种设备实现快速维修。

我国有关特种设备的检验行业正处于快速的发展时期。针对大数据平台的服务质量的提高、改进是使我国企业飞速发展以及开阔特种设备检验业务的最为重要的途径之一。当然，由于大数据分析技术本身也是一种新兴技术，因此基于检验大数据的特种设备产品改进技术的发展也处于初步阶段。但随着近年来人工智能、互联网和大数据技术的发展，检验大数据的采集、分析和存储条件已经得到了很大优化，这为特种设备企业使用大数据技术对产品进行改进提供了良好的条件。

对于我国任何一个企业来说，都需要对特种设备的管理工作给予高度的重视，为了能够让企业得到更好的发展，需要采用最为高效并且最有价值的思路来进行工作。针对企业的工作人员来说，大数据的来临，是对特种设备检验人员的一个重要的挑战，同时也是一个很好的机遇。针对大数据技术的充分利用，能够更好地提高生产的安全性以及可靠性。利用大数据技术对特种设备进行检验主要具有以下几个方面的积极影响：（1）针对大数据的不断发掘以及探究。（2）针对整个体系进行强化预警并且有效的评价。（3）和现在的模式相比，能够创造出更为丰富以及更有价值的思维方式。（4）利用相应的数据库针对检验业务进行创新以及拓展，和特种设备企业相结合对大数据展开更为深度的研究。

第二节　特种设备检验数字化推广应用

伴随着信息时代的到来，现阶段特种设备检验的数字化推广与应用也逐渐受到了越来越多相关人士的关注。对此,本节主要结合当前纸质检验报告应用中难以发挥时效性的问题进行分析,进而探究推行特种设备检验数字化发展,以电子化形式进行报告发放与归档的必要性与实践性,并进一步对特种设备检验数字化推广在未来的应用前景进行分析。

在传统特种设备检验中,一般采用纸质检验报告进行发放与归档,而在特种设备检验过程中,其最为关键的本质属性就是时效性,因而就需要充分考虑纸质报告在发放与归档的时效性方面存在的弊端,并针对这一问题,结合数字化技术的发展积极探索特种设备检验报告电子化发放与归档的优势,探究特种设备检验数字化的推广应用。

特种设备是一种涉及较大风险及一定生命安全的锅炉、压力管道、压力容器(含气瓶)、电梯、大型游乐设施、起重机械、客运索道等专用的机动车辆。这之中,锅炉、压力容器、压力管道等均为承压类特种设备;而电梯、客运索道、起重机械、大型游乐设施等则为机电类特种设备。对此,笔者主要整理生活中较为常见的特种设备做简单阐述:首先为承压类特种设备。在该类设备中主要包含锅炉、压力容器以及压力管道等。从锅炉角度来说,其主要需应用多种燃料、电力或其他能源,以加热自身所盛装液体到某一参数,进而通过对外输出介质的方式进行热能提供。从压力容器角度而言,其主要为盛装气体、液体,且具备较高的承载压力能力的密闭设备;而压力管道则属于一种利用一定压力,进行气体或液体输送的管状设备。

一、特种设备检验报告的时效性及其作用

(一)时效性

从特种设备检验报告的实际功能出发,抛开其内容中的客观性、公正性来说,检验报告的时效性是最为突出的本质属性,可以说在特种设备的检验报告中,时效性是衡量相关检验机构效率最关键的体现。从特种设备检验报告时效性的含义来分析主要体现在以下两方面:

第一是指检验机构在最短时间内针对所检验设备安全状况所能够做出的准确判断,并将该安全状况报告以最短时间、最快速度传送给用户以及监管部门的时间效率。确保检验的实效性能够最大限度为特种设备的安全运行提供基础保障,并赢得注册使用或维修改造的时间,进而最大化地为使用单位提供便利,降低其待时损失。

第二是指特种设备检验报告本身存在的时间限制,也就是说一份特种设备检验结论的合格报告书也只有在其检验周期内才是具有效用的,一旦超过这一期限则失去了实际的参考效果。对此,针对特种设备安全技术的相关规范一般都会对特种设备检验报告的

存档保存时间做出明确的规定，一般来说都要求其存档时间不少于 5 年。现阶段在特种设备检验机构完成检验工作后（包括复检），一般会依据特种设备种类的不同，对出具检验报告的具体日期做出相应的规定，通常情况下大多数检验规定要在 10 个工作日内出具，而少数（如固体式压力容器）规定在 30 个工作日内出具即可。

（二）作用

所谓的特种设备检验报告主要就是相关的设备检验机构针对需要检验的特种设备进行检验，进而得出能够反映该设备安全技术客观状况的技术类文件。从作用上来看主要包含以下两点：第一，特种设备使用单位（用户）直接通过检验机构的传达得到相关设备的安全性能检测信息，此后，用户可以依据特种设备检验报告中呈现出来的内容与结论对设备中存在的各种问题进行处置（如修理、改造以及办理使用登记等）；第二，监督管理部门（安全监察机构）也可以直接通过检验机构得到与相关设备有关的安全状况信息，此后，监管部门可以结合该特种设备检验报告中呈现出的结论与分析采取相应的行政措施（如注册、注销或处罚）。

二、传统检验模式的弊端与数字化模式的优势

（一）传统模式的弊端

伴随着数字化时代的到来，我国也在新时代的发展中逐渐迈进了电子信息化时代，在新的发展时期，基于互联网、物联网的各种电子政务商务平台也逐渐走进了各大企业乃至千家万户。在这样的发展环境中，仍以纸质报告为主的特种设备检测检验中就难以避免地会存在一定的弊端，在传统特种设备检验中，出具的报告仍是纸质报告，在制证、印章、管理模式以及为特种设备使用单位、监督管理部门提供服务的过程中同样存在一系列的问题。第一是时效性难以得到保障的问题，检验报告的提供过程费时费力；第二就是安全性的问题，纸质档案难以避免地存在保密性差的问题，在使用纸质报告的过程中，不仅报告使用者难以通过报告内容得到充足的安全技术状况信息反馈，同时，报告的真实性也存在问题，普通人难以分辨报告的真伪，很容易出现误判、错判的情况。

（二）数字化模式的优点

通过传统纸质报告存在的弊端来看，运用数字化模式则存在极大的优势，具体来说，主要体现在以下几个方面：

第一，具有高效性，且报告内容安全可靠。伴随 CA 技术的推广应用，现阶段的报告档案通常可以通过严谨的加密算法以及数字签名等先进技术进行加密处理，通过这一

方式处理后得到的特种设备检验报告还能实现检验出证的电子化以及归档的数字化，极大地为设备用户提供了便利，同时，也能有效地避免纸质报告造假行为出现，提升了特种设备检测检验报告的公信力。此外，电子化的特种设备检验报告还具有信息含量更大、成本更低以及更强的保密性、便捷性与流通性、可追溯性等优点，能够在多种电子设备与电子载体中进行查看验证，既促进了特种设备检测检验效率与信度的提升，也促进了科技兴检服务水平的提升。

第二，具有较好的时效性。以电子化形式发放的特种设备检验报告能够更好地确保用户以及监督管理部门在极短的时间内拿到详细的安全技术状况信息，从而更好地为特种设备的安全运行提供有利时间，为用户提供了极大便利。尤其针对特种设备的生产、安装改造、使用及维护单位责任的落实，以及工作质量的明确判定提供了清晰的节点，促进其主体责任的落实。

第三，具有较强的监管能力。针对监管部门来说，科学、规范地推广特种设备检验报告的电子化有以下两大优势：首先，有利于打击假冒、伪造的违法行为。传统的监管手段一般依靠纸质报告的核查，缺乏便捷性，而且纸质报告难以推行标准化与结构化，难以与不同监管部门进行信息共享，不利于协同监管的开展，而电子化特种设备检验报告的使用则能够有效地解决这些问题。其次，电子化特种设备检验报告与证书的使用对监管模式的创新也具有重要的推动作用，通过科学的技术手段能够进一步提升监管水平，确保特种设备监管力度与广度的提升，促进其动态变化更具有效性、精确性与前瞻性。

第四，能够有效地降低多方成本。对检验检测机构来说，采用电子化报告与证书代替纸质报告与证书能够有效地降低成本，既节约资金成本投入，也节约了纸质资源。将纸质报告、证书等替换为电子化数字文件既能够有效地改善传统的检验报告管理模式，为检验机构带来更高的经济效益，同时对促进机构服务质量的提升、档案管理水平的提高也具有非常重要的意义。当然，在推广数字化检验报告的初期必然需要投入一定的资金用于购置设备以及日常维护，但通常情况下先期投入的支出可考虑与企业共建或争取当地政府部门的经费支持，而且在数字化技术投入使用的后期能够有效地节约大量的人力、物力，促进检验效率的提升，更符合现代化企业发展与低碳环保的理念，具有积极的社会效益。

三、特种设备检验数字化推广及管理

（一）特种设备检验数字化推广应用

1. 电子化发放与归档理论分析

电子文件法律地位的确立由来已久，早在1988年年初推行实施的档案法中第二条所列举的档案种类中就已经将电子文件纳入其中明确了电子文件的法律地位。此后，国家档案局又先后推出了《电子公文归档管理暂行办法》以及《电子档案移交与接收办法》等部门规章，再加上后期国家出台的《电子文件归档与电子档案管理规范》以及《纸质档案数字化规范》，都证明了特种设备检验报告电子化的发展是有迹可循的，其电子化发放与归档也是有章可循、有法可依的。

2. 电子化发放与归档的实施

经过电子盖章、电子签名以及电子传输等技术手段后，电子化检验报告通常能够在第一时间为各使用单位以及监督部门提供详尽的检测报告信息，而且能够提供在线实时浏览跟踪服务，在相关报告确认完成后还可以结合设定的安全密钥通过报告查询打印界面进行报告打印操作，不需要到检验机构等候报告领取。同时，检验机构一般来说也不需要进行报告的打印、发送或纸质归档，只需对电子数据进行实时保存，并定期将数据上传到专用电脑或用户网络上进行特种设备检验报告的发放与归档即可。此外，资料上传人员还需要结合实际情况根据归档要求定期将电子数据刻录成光盘进行备份存档，为建设数字化档案创建良好条件。

3. 数字化推广应用的前景

目前，伴随信息时代的冲击，我国的特种设备检验机构也正面临着变革、重组、发展的最佳时机。特种设备检验机构已被国家定位于公益性服务业、科技服务业方面的重要门类，因而在良好的社会发展机遇下，检验机构在未来的发展中逐渐做大做强做优已经成为必然趋势。在移动网络、大数据技术不断发展的基础上，特种设备的检验模式也必然会受到深远的影响，对此，积极打造"数字化+检验"的新业态，借助网络信息技术领域的研究成果，积极加快特种设备检验数字化的推广与应用，已经成为适应新常态下检验机构应对产业模式变革挑战的最佳途径，只有科学地拓展业务、运用新技术，才能切实保障检验机构综合能力的稳步提升。

（二）特种设备检验数字化推广管理对策

1. 加强重视，加大投入

伴随现阶段社会生产生活中特种设备应用比例不断增加，特征设备检验工作也担负着重要的责任，对此就需要我们予以相关工作充分的重视，并要充分认识到推广特种设备检验数字化发展的重要性，并将数字化检验进一步推广到特征设备的数字化管理工作中来，深刻认识到数字化技术对于特征设备检验及管理工作开展的重要价值。对此，在实际工作落实中，就需要我们充分结合特征设备数字化应用推广需求，基于特种设备的数字化推广管理工作内容严密做好各项支持性及保障性工作。同时，还需要相关管理部门进一步提升特征设备相关资金及技术方面的投入，从而更好地推动特种设备数字化管理工作的有序落实。另外，在开展数字化推广管理的过程中，还需要我们充分做好各项对应的基础设施建设工作，紧密结合特种设备工作运行及数字化推广应用的本质特点，科学建构特种设备数字化管理平台，借助数字化实现对档案管理模式的有效转化。此外，通过借助数字化系统开展特种设备应用及管理工作也能够更好地满足我们实现对相关设备资料调阅及管理资料共享的需求，确保特种设备的数字化检测推广能够得到更好的体现，充分落实并执行数字化管理规制，并结合实践工作需求及特点，合理地利用数字化技术制订设备检验规范及实践管理方案。

2. 完善相关管理制度

结合当下特种设备检验数字化推广的实质需求，在开展特种设备管理工作中就需要我们进一步优化并完善特征设备检验管理制度，从而为特种设备的数字化推广及管理工作的顺利开展提供良好的基础及开展环境。综合当下的数字化管理特性分析可见，在特种设备管理工作开展中还需要我们进一步优化对设备检验工作的执行流程，并在其中合理引入标准化工作思路及规范化操作流程，从而在整体特种设备检验管理工作中开展能够保障同步推进特种设备管理及检验管理，确保各类特种设备档案资源能够结合其实际类型差异及专业性特点进行科学分类。同时，我们还需紧密结合实际合理融入数字化管理理念及需求，并最终从强化工作质效的角度入手，积极创建良好的工作环境及优质的检验工作流程，以便能够在调整具体工作当中更好地为整个特种设备数字化发展指明思路，科学提升标准化管理意识，构建一个标准化、统一化的资源交互体系，以确保特种设备检验工作能够顺利开展。

综上所述，随着网络信息技术的不断发展，与纸质报告相比，采用特种设备检验报告的数字化发放与归档具有更为显著的优势，其能够承载的信息量更大、成本更低，同时也具有保密性、便捷性、准确性与高流通性等优点，所以说加强特种设备检验数字化推广与应用已成了特种设备检验的必然发展趋势，更是促进相关检验机构发展的最佳选择。

第三节 光电信息技术在特种设备上的应用

20世纪90年代以光电信息技术为核心的新兴技术浪潮席卷了全球，随着全球一体化进行的不断推进，我国也开始对光电信息技术进行科学化的研究，直到21世纪初期光电信息技术才在我国大规模应用，据相关研究显示，近年来我国的光电信息相关产业以每年20%的速度不断增加。在这种形势下特种设备领域也将目光转移到了光电信息技术上来，同时从该技术的应用效果反馈上来看，光电信息技术在特种设备的安全性和效率性等方面做出了重大贡献。为了使光电信息技术和特种设备更好地融合和发展，有必要充分了解两者的概念和发展现状，下文就对光电信息技术在特种设备上的应用进行了深入研究。

一、光电信息技术和特种设备的概念

（一）光电信息技术的基本概念

社会经济和科技水平的不断发展加快了技术的创新，近年来光电信息技术、新材料技术和新能源技术等新兴技术相继出现，它们为人们的生产生活和社会的进步做出了重要贡献。光电信息技术是一种多学科综合性信息技术，主要由光学技术和微电子技术结合而成，其可以很好地完成光电信息的转换、储存和处理等工作。此外光电信息技术作为技术革命的重要产物使光波段的开发和利用成为可能。当前阶段光电信息技术已成为影响我国国民经济水平和人民生活质量的重要因素。因此我国加快了光电信息技术的研究和使用以满足社会发展的需求。

（二）特种设备的概念

我国对特种设备有明确的定义，其中主要包含五类设备且分别是危险程度较大的压力容器（石油液化气）、客用起重设备（电梯）、客运高空索道、大型休闲娱乐设施和重型专用车辆，这些设备的共同特点是高风险、不可替代、体积较大且几乎不受人类控制。这些设备虽然对人民的日常生活至关重要但其危险程度较大。因此我国制定了多种项管理制度以严格的规范特种设备的使用，同时还设立了几百个综合检查单位以保证特殊设备的生产符合标准。因特殊设备的上述特点，其实际应用中的控制和使用在很大程度上依赖于计算机等信息处理设备进行，而光电信息技术的高效性传输特点与特种设备的使用十分契合，其在减少特种设备故障发生率的同时确保了设备的安全可靠运行。

二、光电信息技术在特种设备上的应用

将光电信息技术应用到特种设备中很好地解决了因设备落后或设计不当而产生的问题。可以说光电信息技术推动着特种设备行业的发展，下文对各类特种设备领域中的光电信息技术进行了深入研究。

（一）传统工业中的应用

在工业生产的过程中通常会涉及大量工业设备，而这些工业设备因自身操作困难、危险性高等特点严重威胁着工作人员的生命安全，本节以具有代表性的锅炉为例进行研究。如果工作人员在使用锅炉设备的过程中操作不当就极有可能引起爆炸事故，在锅炉设备中使用光电信息技术可以有效地解决这一安全问题。据研究显示，大部分的锅炉爆炸事故都是因内含水位计故障导致的，将双通道比色温度计这一光电器件安装到锅炉上可以有效降低故障发生率。其实际工作原理是引进两个不同的波段来测量辐射水平，并通过简易计算来确定物体的实际物理温度。当温度过高时双通道比色温度计较窄波段的辐射照度就会变大，反之如果温度较低则较宽的波段辐射照度变大。

（二）医疗领域中的应用

医疗在人们的生产生活中起着十分重要的作用，随着疾病治愈难度的不断加强其对医疗特种设备精度的需求越来越高。而将光电信息技术与医疗特种设备相互结合能够有效地解决上述问题，胶囊内窥镜就是一个具体的例子。正如其名，胶囊内窥镜的主要作用就是进入人体内并对大肠、胃部等生物组成部分进行细致的检查，胶囊内窥镜实时收集的数据对患者的临床分析有很大的帮助。还有就是在手术过程中需要使用的分析性特种医疗设备，这些设备可以结合光电信息技术中的微成像技术为医生及时提供医疗数据，此外还能根据人体内疾病的现状预测未来发展趋势并为医生提供一些决策上的参考。

（三）日常生活中的应用

光电信息技术在特种设备中的应用不只存在于一些具有高质量、高精度需求的行业，在人们的日常工作中也有许多应用的例子。例如，打印机中的纸张监视器应用的就是光电信息技术中的光电继电原理，在实际印刷过程中，如果输入的纸张数量不符合预先设定数值其就会停止运行并发出警报。还有就是焊接黏合过程中使用的光电护目镜，这种护目镜应用了光电信息技术中的光电遥感原理并使用液晶镜片制成，在实际工作过程中可以很好地保护人眼不受电焊强光的刺激。除上述之外还有我们生活中随处可见的路灯和霓虹灯，这些灯类的电路就应用了光电信息技术中的自动控制原理，在实际工作过程

中不但可以实时掌握这些灯的亮度和故障情况，还能实现大批量路灯和霓虹灯的同时控制。通过上述例子可以得知，光电信息技术已经渗透社会各领域并深刻地改变着我们的生活、工作方式。

综上所述，光电信息技术在促进社会不断进步的同时为人们的生产生活带来了许多便利。同时在特种设备中应用光电信息技术可以很好地提高自身安全性和可靠性。因此我国应认识到光电信息技术的重要性并扩大其应用领域，充分发挥其应用效果以为新时期社会的发展做出应有贡献。

第四节　数字化技术在特种设备管理中的应用

当前生活中应用的特种设备逐渐增多，这些设备的应用有效提高了人民的生活水平，但是特种设备是一种危险性极高的设备，国家要求各类特种设备从生产、使用、检验检测三个环节都有严格规定，实现全过程监督管理。如果不能进行科学合理的管理，那么设备的使用安全性会大打折扣，甚至无法正常投入使用。而随着数字化技术的广泛应用，其也逐渐开始在特种设备管理中应用。下面，笔者将结合自身的理解和认识，对相关问题进行详细的分析和论述。

一、特种设备应用信息管理系统的体系结构设计

（一）通用系统架构设计

该系统可以分为实验室和维护两个部分，主要是使用移动设备扫描该设备上特有的二维码，然后登录设备信息管理系统，其可以分为实验室与技术服务两大部分。在实际应用中由于需求的不同因此可以记录有关如电梯之类的特殊设备的相关信息，同时其还可以对电子文件的数据进行监督和校正。

（二）系统级结构设计

特种设备应用信息管理系统及结构设计包含有多方面的内容，具体如下：数据收集层。即创建一个主要基于数据的集成数据收集系统，比如说可以收集产品参数、检验检查记录、定期检查记录、日常维护记录等等，并且还可以将所收集到的数据上传到数据中心。数据处理层。其主要是对上传到数据中心的数据进行分析和处理，如可以对数据进行分类和共享。系统管理层。该层级的主要作用是可以根据不同的应用需求，结合不同控制模块的要求，对接收到的数据信息进行分类，并将其分发到相应平台，进而对有

效信息进行管理。应用层。该层级的作用主要是对特种设备数据的应用功能进行拓展。

二、传统模式在特种设备管理中应用存在的弊端

现如今，我国已经进入计算机信息化时代，物联网以及其他各项信息技术已经深入应用到了各个领域之中，其对人们的日常生活、工作以及学习产生了深刻的影响。特种设备管理工作存在一定的危险，现在也可以灵活地应用数字化技术于这项工作中，但是结合实际的应用现状来看，由于多种因素的影响，数字化技术应用还未能全方位覆盖，因此传统技术还有一定的比例，而传统模式在特种管理中的应用存在的弊端主要集中在以下方面：

（一）时效性差

传统模式下对特种设备进行管理时，主要是通过提供纸质报告、证书、品牌、物流信息等方法完成相关工作，为使用和管理单位以及设备用户提供服务，其虽然也比较便捷、快速，但容易受到时空的限制，比如说，如果用户在深夜使用设备出现故障时，负责管理工作的人员可能此时正在休息，那么就无法及时地进行管理。再比如说，如果特种设备使用的距离比较远，那么就无法在短时间内进入现场对设备予以管理，问题难以第一时间得到解决，因此，其整体时效性比较差，而且在管理过程中还需要花费诸多成本和精力。

（二）安全性低

传统模式下对特种设备管理还存在着安全性和机密性比较低的问题，之所以如此是因为其所提供的纸质报告、证书以及物流信息等在流转过程中很容易被他人获悉，这样设备的核心信息就容易流失，其对于特种设备的使用安全性产生了较大的威胁。而且特种设备均为危险性极高的设备，对于生产生活及人的生命安全存在很大危险性。

三、数字化技术在特种设备管理中的应用策略

（一）放射线无损监测技术的管理应用

该技术是一种比较常用的无损检测方法，其是通过放射检查技术对特种设备进行管理的。放射学监测技术的原理是在不同环境或者是不同结构中的辐射传输会导致衰减，通过对辐射衰减情况进行评估分析，可以准确地检测出特殊设备的运行状况，分析其是否被损坏了。在测特种设备时，射线检测方法可以应用多种射线，其中最为常用的射线主要有 X 射线、中子和 γ 射线。在应用该技术对特种设备进行管理时，就是使用放射

线监视设备将放射线施加于监视对象,在该过程中,可以通过观察目标检测位置的变化情况,对每个物体的光透射率差异,观察强度的变化记录和发光强度的差异,这样可以准确地识别特种设备中的缺陷。放射线监测技术作为无损技术的一种,其在处理击穿、气孔、裂纹等细微损伤时,准确性极高,同时针对钢结构以及航空航天设备也有着较好的检测效果。

(二)物联网射频识别技术的管理应用

特种设备的用途多样,其在跟踪物料和人员、利用操作控制系统等方面,提高相关工作的效率和质量。物联网射频识别技术在对特种设备进行管理时,主要作用在于可以对设备进行检验和分析。在具体应用时,需要充分利用物联网检测系统的管理模块,然后借助射频无线识别技术验证特种设备的部分电子代码。此外,还可以使光电二级观阵列检查器(PDA)适应互联网,最后无线网络控制模块可以用于连接操作,这样就使得信息交换与标准化管理变得极为便利。当前,随着射频识别技术的不断推广和应用,便携式 PAD 以及高频识别技术应运而生,这些技术在收集各种特殊设备信息时方便快捷,而且其可以有效地保证设备应用的安全性,设备检测精度得到了有效保证,管理效率也因此大幅度提升。

(三)探伤技术和涡流探伤仪在管理特种设备时的应用

渗透检测技术的应用原理主要在于发挥毛细管的作用,在对特种设备进行管理时,其可以对表面上的缺陷进行无损性检测,而渗透检测技术则是基于一定条件下液体的毛细管作用和固体燃料的发光现象。渗透测试技术在检查专用设备时,可以快速及时地发现所有非松孔材料和组件的开口状缺陷,而且其还可以直观地展示确定缺陷的大小、形状、位置以及严重程度,其灵敏度比较。而涡流检测的原理则是电磁感应的应用,其是通过将半导体引入交流圈,借助线圈产生交流磁场并通过导体产生电磁感应分析设备情况的方法。

除了以上数字化技术以外,现如今参与检查特种设备资质面临着合并与重组的重大变化和巨大的发展机遇,我国的特种设备应用范围可谓是越来越广泛,而要想发挥多种数字化技术在特种设备管理中的作用和价值,在未来还需要进一步加大资金投入力度,为技术的研发做好准备,优化现有技术中存在的缺陷和不足,而且充足的资金也是培养优质管理人才的关键所在。

总之,把数字化技术应用到特种设备管理工作之中,不仅可以有效地提高特种设备管理质量和效率,还可以对设备使用数据进行测试分析,增加其安全系数,使得工作当中安全风险降低,生产工作更高效便捷。但是,当前数字化技术在特种设备管理中的应用还处于发展起步阶段，在未来要想有效地发挥数字化技术的作用优势，还需要进一步加大技术研发力度，这样才能更好地推进相关工作发展与进步，同时在应用数字化技术对特种设备进行管理时，还需要充分地考虑时效性、安全性以及保密性问题，以保证管理的质量效果。

第五节　接地技术在机电类特种设备中的应用

一、使用接地技术的重要性

建筑物中有大量的耗电和电气控制类设备，因此使用接地保护不仅关乎安全性，而且还关系到建筑物中活动的人群安全。在智能建筑中，火灾报警系统、监控系统等均由电子设备组成，因此有必要建立接地系统以确保建筑物内设备的正常运行。防雷接地技术是建筑物的基本系统之一，确保建筑物设施不受自然干扰的损坏，该技术具有有效的防雷机制，并最大限度地提高员工的人身安全。因此，在进行防雷设计时，员工必须掌握防雷知识，并根据防雷技术的使用来满足建筑物施工要求，以确保建筑物设施安全。

二、接地技术分类及应用分析

接地是指通过特定方法或使用导体在特定电气设备和地面之间建立良好电连接的方法，保护设备运行和人身安全。电网的正常运行和人身安全作为起点，通过某种方法或某种方法使用导体在电气设备的某些部分与地面之间建立良好的电气连接。根据不同的目的，将它们分为四类：工作接地、保护性接地、重复接地和防静电接地。

工作接地是用于满足电力系统及其设备的正常运行需求的一种方式。最常见的包括防雷设备的接地，电源零线（变压器）的接地等。常用的接地是防雷装置接地、变压器电源零线接地等。

保护性接地：为了防止用户遭受电击事故并确保用户生命安全，将电气设备与带电物体隔离的金属盒和接地装置由金属连接制成。保护性接地大大了降低人体接触泄漏设备外壳时的接触电压，并降低了电击危险。两种类型的保护性接地：设备的裸露导电部件通过各自的接地电缆直接连接接地，如 TT 系统和 IT 系统中设备外壳的接地。设备的裸露导电部分通过公共 PE 线（TN-S 系统）或 PEN 线（TN-C 系统）接地，这种接地过去曾经被称为"保护性零连接"。需要特别注意：在同一低压配电系统中，对于某些设备不可能同时使用零连接保护，而对于其他设备则不能同时使用接地保护。这种情况的发生将导致在采用保护性接地的设备中发生单相接地故障时，系统中零保护设备的裸露导电部分将对地面施加危险电压，从而导致触电事故。保护性接地方法的主要功能是减少电击的可能性。由于电子和电气设备在使用过程中容易受到外部因素的影响，因此外部绝缘性能下降，电击的可能性大大增加。使用保护性接地将电气和电气设备带电的金属部件直接接地，以更好地消除电击。

重复接地：重复接地的应用范围相对较小，主要用于通过选择电子电气设备零线上的特定点进行两次接地。在中性点直接接地的系统中，除了电源中性点处的工作接地外，PE 或 PEN 线还必须在特定位置接地，如外部架空线、大型办公大楼。重复接地是保护零件连接系统必不可少的安全措施。中性线的重复接地会增加单相接地的短路电流，缩短保护装置的动作时间，降低漏电设备、PE 线和无故障相的接地电压，并降低了中性线断开时的电击危险。同时可提高架空线的防雷性能。并且重复的接地点越多，效果越明显。需要特别注意：在三相五线制（TN-S）中，中性线（运行中的中性线）不能重复接地。如果中性线反复接地，则 TN-S 系统中的泄漏保护设备将无法准确监视系统的点泄漏。当漏电过大时，不能立即采取行动，并且整个系统的保护将失效。因此，不允许中性线重复接地，这意味着在泄漏检测点之后不能进行重复接地。

防静电接地：静电危险是众所周知的。当人的手触摸电子设备时，来自人体的静电可能达到数千伏特，甚至数万伏特，这将使设备的电子设备放电。能量不高，但是产生的瞬时电流足以损坏电子设备。人体产生的高压静电将穿过未接地的单板上安装的金属手柄，并引起放电。如果单板上的电子设备没有进行绝缘保护，则瞬变的"高电流"足以导致对板上组件的永久性损坏；如果特种设备的操纵机箱中安装了防静电手腕，则在人体接触设备之前，请先通过防静电手腕将静电释放到地面，以使人体与设备之间的电位相等，以达到保护目的。由于防静电接地主要针对人员和设备，因此在人体与设备之间增加了保护电阻（例如防静电手腕上的电阻），以防止由于机壳负荷而对人体造成伤害。当然，它还可以限制从人体到地面的静电放电以保护设备。

三、选择合理的接地方式

在铺设特种专用设备的接地线路之前，施工人员必须首先对施工现场的周围环境进行详细调查，解决可能的施工质量问题。接地技术的施工通常会根据施工现场的温度和湿度而影响接地的施工质量，如果环境干预不同，则事后接地技术应用的外部影响也会有所不同。在大型建筑工地中，接地技术更容易出现问题，如在后续使用中发生泄漏。

在这样的特殊环境施工现场中，可以在施工过程中选择具有较强防潮性能的接地技术，从而避免接地技术对环境质量的影响。然后，应用接地技术选择线路时，有必要降低导线本身的电阻，尽可能地将电流疏导进大地而不产生高电压存留在建筑设施中。这是因为接地线的内部电阻通过两种模式存在：电阻和电感。一般民用电为交流形式，电感是主要影响因素，当接地线的感抗变大时，它会在电流流动时产生特定的电磁场，从而影响电子通信设备的正常运行。对于此类问题，在选择导线时，需要选择电感尽可能低的材料。电线的电阻是材料本身的特性，但是在导线的使用时，由于外部环境的影响，会发生锈蚀程度或其他问题，因此需要定期维护以确保使用特殊的机电设备可以正常工作。为了有效地保证电子通信设备的接地技术能够达到实际的效果，有必要在实际施工过程中优化与接地技术有关的各种程序和材料，以使接地技术的施工质量达到最大限度的提升。

四、接地技术改进措施与检验方法

接地技术在机电特种设备中起到关键作用，改善机电专用设备接地的方法。例如，技术的调整促进了接地技术对特种机电设备环境的适应，最重要的是消除了对接地操作的环境影响。接地线感抗的改善，机电专用设备的接地线感抗不应过高，如果过高，则会产生磁场电流。为了降低接地线的感抗，有必要定期进行接地线的维护和维修，可增加辅助支路电容装置来降低感抗，以帮助减小接地线的感抗，并减小专用机电设备的原发电感，以保护设备的运行。同时注意改善接地措施，使技术应用合理，根据电子通信设备的实际情况实施接地技术，优化接地方案，保持机电特种设备的工作效率，提高设备的接地安全性。由于地质条件日益复杂，接地体的腐蚀问题变得越来越突出，接地装置操作的劳力和材料成本越来越高，有效的接地材料及防腐技术研究是解决技术难题的另外一个突破口。接地网络的腐蚀也已成为电气系统中非常困难的问题，对新型接地网材料和防腐技术的研究已成为电力系统的迫切需求，尽管新型接地材料的稳定性和可靠性尚待检验，但随着中国经济实力的提高以及新材料和新技术的不断出现，研究新型接地网材料已成为可能。例如，在特殊设备接地周围刷涂沥青绝缘颗粒涂层，不但可以防止水渗透导致漏电的可能性，还能屏蔽一些周边导体的进入后造成连电短路等问题。

接地系统的多维检验方式，对接地装置的直流特性、工频特性、冲击特性、高频特性、腐蚀性和土壤环境进行了综合研究，建立了接地系统的多维检测方法和检测系统，并在此基础上开发了合适的场地需要，应用便携式接地装置多功能脉冲阻抗测试系统和接地装置高频特性测试仪，对接地装置进行综合评估和综合判断。

首先，要处理好内部金属件的引出点。在施工过程中，应尽量减少因结构的加固造成外漏金属件过多，易形成漏电导体。避免使用扁钢和圆钢大面积外漏结构，尽量多采用 T 形焊接处理。特殊条件下使用规定范围内的圆钢或扁钢与主焊条焊接，提高防雷效果。其次，进行接地电极连接是为了确保连接技术和接地技术的合理性，有必要使用钢筋作为引下线对柱加强连接进行搭接焊接。同时，应进行材料研究以确保与地面加强件的连接质量，减少对钢筋导电的不利影响。最后，要善于检查和验收，一旦确认并批准了接地系统，就必须及时进行电阻测试，同时确保所使用的设备能够满足施工要求。钳式接地电阻测试仪是一种使用率高的设备。接地工作完成后，有必要确保电阻测试仪符合相关规定和要求。如果测试不满足相关要求，则扩展接地线槽的数量符合低电阻要求。

（1）应对设备的裸露导电部件进行判断和识别，并应确保它们连接到同一接地系统，避免在同一系统中同时发生零接保护和接地保护。

（2）注意需要接地的设备各部分的连接和连续性，并确保将导管和设备的导电部分有效地连接至保护导体。如有必要，请使用万用表验证测量结果。

（3）禁止将电气设备的裸露导电部分用作保护导体的串联过渡点，禁止使用金属结构和设备的接地电缆作为载流中性电缆。

（4）保护导体（PE 电缆或 PEN 电缆）必须具有足够的横截面，并且其最小横截面不得小于相应电缆横截面的一半。

（5）电气设备和保护中线必须采用可靠的连接方式，如铜尖；接线极必须采用镀锌和防腐油脂等防腐措施。在任何情况下都不建议使用铰链连接方法，必须通过端子板连接电缆，以确保其强度和可靠性。

（6）在用电检查中，特别是大型民用建筑中，从机房配电柜开始，应检查 PE 线和 N 线是否分别与外路连接。

（7）测试期间，需注意 TN-S 系统的零线。

接地技术的主要应用目的是确保电气和电子设备的可靠运行。尽管电气和电子设备应用在各行各业都越来越广泛，但是有许多影响因素和条件限制，因此在操作电气和电子设备时需要增强对接地技术应用的关注程度。为了保证特种电气电子设备运行的安全性和稳定性，必须结合实际情况选择接地技术，操作必须严格按照有关标准和要求进行，并为设备的运行提供良好的环境，保护员工的生命安全和企业财产安全。

参考文献

[1] 洪亮. 浅谈特种设备管理与维修要点 [J]. 中国科技博览, 2015(45): 173.

[2] 秦江华. 特种设备管理中存在的问题与对策措施 [J]. 设备管理与维修, 2018(6): 32-33.

[3] 金鑫. 浅析特种设备的安装、检测与维护 [J]. 现代制造技术与装备, 2018(8): 151-152.

[4] 王辉. 特种设备应急转型升级 [J]. 劳动保护, 2015, 12(12): 23-25.

[5] 罗凡. 特种设备应急管理平台检验系统预警功能初探 [J]. 质量与标准化, 2017 (04): 45-48.

[6] 张若谷. 基于风险的石化企业特种设备应急管理 [D]. 华南理工大学, 2016.

[7] 杨申仲, 李秀中, 杨炜. 特种设备管理与事故应急预案 [M]. 北京: 机械工业出版社, 2013.

[8] 杨斌. 浅谈特种设备管理的现状及发展策略研究 [J]. 世界有色金属, 2019, (24): 275, 277.

[9] 许振微. 关于特种设备检验检测仪器设备管理的研究 [J]. 中国科技投资, 2019, (29): 214.

[10] 洪兵. 浅析冶炼、化工企业中特种设备管理存在的问题及应对措施 [J]. 福建质量管理, 2019, (16): 211, 173.

[11] 马闯文. 化工企业特种设备管理存在的风险和对策分析 [J]. 中国化工贸易, 2019, 11(16): 50.

[12] 谢磊. 探究特种设备检验机构在特种设备安全管理方面的作用 [J]. 科学与信息化, 2020, (3): 174, 177.

[13] 万西钊. 浅议火电厂特种设备定期检验与金属监督检验 [J]. 中国设备工程, 2019(16): 98-100.

[14] 谢亚斌. 特种设备无损检测质量控制的监督检验 [J]. 工程建设与设计, 2019 (08): 228-229.

[15] 李常明，金路. 基于特种设备检验检测机构专项监督检查问题的分析及建议 [J]. 特种设备安全技术，2018（06）：60-61.

[16] 特种设备安全监察条例（国务院第373号令）.

[17] 中华人民共和国特种设备安全法（2013年主席令第4号）.

[18] 项飞. 公路桥梁现场施工安全管理技术研究 [J]. 价值工程，2019，38（30）：28-29.

[19] 冯新. 特种设备检验检测的安全管理分析 [J]. 中国标准化，2018（8）：230-231.

[20] 孙成东. 关于特种设备检验检测安全问题的分析 [J]. 低碳地产，2016（18）：114-115.

[21] 李晓伟，王囡囡. 探讨特种设备检验检测的安全管理 [J]. 科技风，2014（03）：212-215.